中美网络语言教学项目
U.S.-CHINA E-LANGUAGE LEARNING SYSTEM

S0-AHH-922

乘风汉语

CHENGO

教师用书 2

CHINESE

Teacher's Book

高等教育出版社
Higher Education Press

教材项目规划小组

许　琳　　　马箭飞　　　赵　路

陈伟光　　　董德刚　　　陈希原

赵国成　　　宋永波　　　郭　鹏

编 写 说 明

　　本教师用书是为使用乘风汉语课件进行课堂教学的教师编写的，目的是帮助教师更好地从总体上认识该课件，了解其特点和设计思路，把握每集的教学内容和要求，从而更有效地发挥课件的优势，取得满意的教学效果。

　　本书的内容包括两个部分：一是使用乘风汉语课件进行课堂教学的总体说明，二是供教师参考的每集具体的教学安排。

　　本书首先从总体上简要介绍了乘风汉语课件的特点、设计思路和教师的作用等等，并对课件的构成，包括各主要模块和子模块的内容以及它们之间的关系等作了较为详细的解释，同时对各部分内容在课堂上如何处理作了总体说明。

　　每集的教学安排包括对该集主要学习内容和教学步骤的详细说明。主要学习内容包括学生应该学习和掌握的交际任务、主要用语、词汇、语法和文化项目几个方面，老师可以从总体上把握教学内容的主次、详略。

　　每集的教学安排根据课件设计者的思路，并结合课堂教学的特点，设计了教学步骤和方法，同时补充了部分课堂练习，如在每集的故事欣赏部分都准备了一些问题，这些问题遵循由易到难、由整体到细节的顺序，供教师在课堂上检查学生对故事的理解情况用。

　　另外，每集的教学安排中还设计了一些可以在课堂上使用的交际活动，以增加课堂上学生之间的互动，活跃课堂气氛。

　　本书只是为使用者提供参考性的教学步骤和教学方法，教师可以按照学生的具体情况进行适当的调整，以使自己的教学更具有针对性。

　　欢迎老师们在使用本书的过程中提出意见和建议。

编 者

2006 年 6 月

目 录

使 用 说 明

欢迎您使用《乘风汉语》系列教材！乘风汉语是使用现代化网络手段和教育技术进行汉语教学的第一套完整、系统的学习课件，是中美两国政府教育合作的重要成果。

乘风汉语课件的特点

◎乘风汉语课件生动、有趣。

乘风汉语课件所针对的对象为12～18岁以汉语作为外语的青少年学习者。课件充分考虑了青少年学习者的心理需求，注重激发他们的兴趣，采用先进的现代化技术（如flash动画技术、语音识别技术和汉字手写识别技术等），将大量的语言学习任务融入趣味活动之中，做到寓教于乐。

课件从学习内容的展示到语言交际技能的训练，都充分发挥网络和多媒体手段的优势，通过对学习者视觉、听觉乃至触觉的多重刺激，加深他们对学习内容的印象，增强学习效果。

◎乘风汉语课件科学、实用。

乘风汉语课件吸收了汉语研究及汉语作为第二语言教学研究的最新成果，在内容的编写、组织方面尽可能做到科学性、实用性和趣味性的统一。

课件内容以交际任务为主线，引入最常用、最典型的语法结构和词语。从学习者的实际学习和生活所需出发安排交际任务，在注重培养学习者交际技能的同时兼顾语言知识的积累。

课件重视语言和文化的结合，尽量让学习者在学习汉语的同时加深对中国社会和文化的了解，为他们汉语学习的可持续发展打下良好的基础。

◎乘风汉语课件方便、好用。

乘风汉语课件用户界面简洁、方便。为了便于学习者自学，以及教师使用课件进行课堂教学，课件设计了默认学习路径。在相应的界面中以飘动的小旗为标志。教学活动可以沿着标有小旗的内容逐步展开，以体现由浅入深、由理解到表达循序渐进的思想。

课件还非常重视配套资源的建设，努力为使用者，特别是教师，提供各种教学资源，包括语言知识的解释、历史文化图片等等，以方便使用。

关于教师的作用

需要指出的是，在使用本课件进行教学时，教师可以发挥极其重要的作用。

首先，作为一种交际工具，语言的学习离不开交流与运用。虽然网络教学、计算机辅助教学等形式在语言教学中的应用日益广泛，越来越多的学习者可以通过计算机接受大量的目的语语言与文化输入，语音识别技术的发展也为（人机的）双向交流（two-way communication）提供了机会，但是，电脑毕竟不是人脑，人机互动毕竟不能代替人际交流。教师作为学习者的语言伴侣或者说是合作者，其作用电脑无法代替。例如，电脑在针对特定的学习者个体或者群体作出精细的输入和互动调整方面还存在困难。不同的学习者，在第二语言学习中遇到的问题可能不同，在使用第二语言进行表达的过程中出现的偏误可能各异。教师能为学习者提供更有针对性的反馈和帮助，他们在和学习者的互动中，会不断做出输入和互动调整，以适应学习者的需要。再如，在第二语言学习中，一些主观和客观因素起着非常重要的作用，如学习者的精神状况、情感、态度、学习动机和学习者的第一语言等，许多是电脑无法观察到因而无法在学习者的学习过程中进行干预的。而语言教师在教学中可以随时针对学生情感状态和具体背景，在语言教学过程中进行干预。这也是计算机无法完成的。

其次，作为教学的组织协调者，教师能在教学过程中，充分利用学习者自身的潜力，组织学习者进行交流与互动，而这种交流与互动对第二语言学习，特别是课堂上的学习是至关重要的。

本课件在设计过程中，为教师进行课堂教学提供了尽可能多的便利，从语音、词汇、语法、汉字和文化知识的解释到针对不同语言技能的练习，教师都可以直接从课件相应的资源库中调取，课堂上只需要根据学生的具体情况做相应的调整。教师可以将主要精力放到课堂的组织上，充分发挥作为学习者语言学习顾问和合作者的作用。

课件的构成及教学安排

乘风汉语课件以不同的交际任务为主线，将相应的语言功能项目、语法结构和常用词语融入其中。每集课件包含"学一学"、"练一练"、"试一试"和"玩一玩"四个模块。

每集前设有"故事预览"，目的是让学生对本集故事的内容有大致的了解。作为最初级的学生，至少在开始阶段听纯汉语对话时会感到很大的压力，虽然有场景线索，但从对话中理解说话人的意思是一件很艰巨的任务。"故事预览"可以在一定程度上减轻学习者的压力，增强他们的信心。

对于每集内容的学习，乘风汉语课件设有默认学习路径，通过导航器控制。学习者进入新的一集以后，首先进入的是导航器，它为学习者提供有关此前他所学内容的信息，并给学习者提出下一步学习的建议（通过飘动的小旗提示）。系统默认的学习路径大致遵循"学一学"、"练一练"、"试一试"和"玩一玩"的顺序。如果学习者不希望按照默认路径前进，则需要对系统提出的确认请求作出反馈。上述4个模块中，前两个模块还设有自评，目的是提示学习者学完当前模块的内容再进入下一步。

在课堂教学中，总体顺序大致也需要沿着上述路径，不过教师可以根据学生的具体情况，安排教学顺序，分配教学时间。特别是模块内部的不同部分，如"学一学"中的"场景探索"、"语言注释"和"文化注释"等，其处理的先后顺序并不总是严格不变的。

学一学（Model）

"学一学"模块又分"故事欣赏"、"故事朗读"、"场景探索"、"文化注释"、"语言注释"和"自评"6个部分。实际学习内容为前5个部分。

"故事欣赏"相当于传统教材的"课文"，主要是以flash短片展示汉语的交际场景，让学生"置身"于汉语的交际中。学习者能同时接受声音和图像的刺激，在故事中理解目标语言结构，接受"可懂输入"。

"故事朗读"部分，将故事分解成一个个句子，以拼音和汉字的形式展示给学习者，让学习者在听句子的同时，熟悉其书写形式。学习者还可以将鼠标指向句子，以查看句子的英文翻译。这部分的目的是让学习者听辨和理解从语流中切分出来的一个个句子，并且可以模仿和跟读，以培养自己的汉语语感。同时它还有助于学习者建立汉语语音、汉字和意义之间的联系。

"场景探索"部分，为学习者提供了相关场景中经常出现的一些物品的名称，这些物品也是现实生活中经常接触到的。各集"场景探索"中的词多与本集的功能相关。一些词在不同集中多次出现，其作用或是帮助学习者复习前面学过的词语，或是为了以后学习该词语做准备。这部分对学习者更好地建立词的形、音、义之间的联系，进而进行灵活运用很有帮助，同时还能帮助学习者对一些语义场中相邻的词有初步的认识。"场景探索"提供的扩充词汇，可以由学生在课上或课后自学，老师检查学习效果，以督促学生学习。

"文化注释"部分，介绍了和所在集相关的文化现象和知识，目的是让学生更多地了解中国文化，特别是和日常语言生活有关的文化现象。其中部分注释对汉英两种语言所体现出的文化差异进行了比较，以便加深学生对文化差异的了解和认识，提高他们跨文化交际的能力。"文化注释"部分提供了英语的文字说明和相关图片，老师在课堂上可以有选择地介绍一些与学习者语言交际密切相关的文化知识。例如第一集中的"中国人的姓名"、"关于'老师'"等，与学生的汉语交际直接相关，需要作为重点，让学生掌握。其他项目则视学生的要求而定，如果学生很感兴趣，老师可以做更详细的讲解。否则，只要求学生自学。这部分的一些内容可能会出现在"玩一玩"模块的游戏中，所以要提醒学生仔细阅读注释。

"语言注释"部分对所在集中出现的重要语言现象做了简要的介绍，特别是对以英语为母语的学习者可能出现的问题做了有针对性的说明，并通过实例对有关语言项目的用法和注意事项进行了说明。大部分的注释还配有练习，以便学习者巩固所学习的内容。"语言注释"部分，从第二语言习得的过程来看，对学习者是很有帮助的，它能帮助学习者关注可能忽略的语言形式——因为借助各种线索，学习者在理解语言的意义上没有遇到问题，因而有可能在没有注意到这些语言形式的情况下就完成了交际任务。"语言注释"除了课件的例子、讲解和练习以外，老师可以做适当的补充，但不必讲求系统、全面。

"学一学"模块最后设有"自评"环节，目的是提醒学习者完成该模块的学习后再进入下一个模块。因为学习者只有在这阶段做了充分的准备，才能更好地完成下一模块中的任务。

每集的"学一学"模块在学生语言学习的整体环节中，属于输入阶段，是学习者接受和内化目的语结构与规则，继而进行表达的前提。因而在课堂教学中需要作为核心内容，给学生以充足的时间，保证学生理解故事情节，并初步熟悉与该集交际任务对应的语言知识。

每集的故事一般可以分为几个场景，教师在实际教学中可以分场景处理，也可以将多个场景作为一个整体处理，视故事总体长度而定。教学中"故事欣赏"部分可能需要多次重复，直到学生能完全理解故事内容。重复的形式可以灵活多样，例如可以和"故事朗读"结合起来进行教学。具体做法如：第一遍先完整欣赏一遍故事。然后再分场景欣赏故事、朗读故事，每个场景可能需要重复数遍，直到学生明白故事内容；故事朗读要求学生能较流利地读出所有的句子。分场景处理完毕后，最后可将整个故事连起来。在"故事欣赏"环节中，老师最好给学生交代特定的任务，如回答问题、选择题等（详见每集的教学安排），使他们有较明确的目的，以提高欣赏故事时的注意力。

在"学一学"模块中，教师除了组织课堂活动以外，在"故事欣赏"或者"故事朗读"等环节，还可以帮助学生纠正发音错误，引导学生进入故事，代替课件中的老师和学生进行角色扮演（role play）等等。

练一练（Practice）

学习者在完成了"学一学"模块以后，初步掌握了相关的语言文化知识。这些知识还只是停留在理解的阶段，为了提高他们对这些语言形式的关注，课堂上有必要进行一定数量的侧重形式的练习。只有让学生进一步对目标语言结构进行深度加工，才能使学习者获得的输入（input）转化为摄入（intake）。基于这样的认识，乘风汉语课件设计了"练一练"模块。

"练一练"模块包含"词语表"、"理解"、"表达"、"汉字"、"语音"和"自评"等内容。

"词语表"部分列出了所在集的生词及少数作为呈现内容（不要求在该集中掌握）出现的词语，表中有词语的读音和英文释义。学生在学习了课文和生词后，应对生词进行集中复习、巩固，可以反复听这些生词的发音。学习者在完成"练一练"模块的大部分活动，特别是词语活动时，都可能需要它的帮助。

"理解"部分包括词、词组和句子的有关练习。一般先练习词，再练习词组和句子。练习以"活动"为单位，每集根据教学需要设计几个活动。练习形式包括词的形音义搭配、根据英文释义组织汉语句子、汉语词组或句子与其英文翻译的匹配等，这些练习旨在加深学生对所学词语或句子的理解。

在理解性活动的基础上，学生需要完成后面的表达性练习，即"表达"部分。这部分一般是小对话，先有理解性练习，然后才有表达。这种由浅入深的安排，不仅可以减轻学习者的心理负担，而且可以促进学习者习得目的语知识。

"汉字"包括两个部分："汉字故事"和"汉字书写"。"汉字故事"从课文中选取几个比较典型的汉字，在简单介绍字义演变的基础上，重点介绍与这些汉字有关的文化内容，旨在引起学习者的兴趣。"汉字书写"选取最常用的几个汉字，通过演示和手写识别技术，让学习者学习书写这些汉字。这一部分还在合适的时候就有关书写规则进行简单介绍。

"语音"部分包括系统的汉语发音练习，从声韵调到词、词组和句子的发音练习都有所涉及，而且每集练习的语音内容和该集重点词、重点句密切联系。语音部分的设计旨在提高学习者发音的标准性，为他们说地道的普通话打好基础。

"练一练"模块最后设有"自评"环节，目的是提醒学习者完成该模块的学习后再进入下一个模块。因为学习者只有在这阶段做了充分的准备，才能更好地完成下一模块中的任务。

试一试（Apply）

该模块中的练习项目是对"能否使用最核心的功能项目或语言形式完成交际任务"的检查，它要求学习者将学到的语言文化知识综合运用，来解决实际的交际问题。

"试一试"模块的设计力求通过电脑模拟技术，向学生展示现实环境中的语言使用情况；通过语音识别技术和反馈支持为学生和计算机的互动提供保障，使学生能参与近乎真实的交际活动。

"试一试"模块的任务一般分为两个层次，前一个（或一部分）任务为后面的任务做铺垫。因而在教学中，需要遵循课件原有的顺序。最后的活动为了避免学习者出现挫折感，还准备了他们需要表达的内容。

在这部分，老师可以视具体情况，把人机对话变成师生之间的对话，或者在人机对话的基础上引入相似的任务，要求学生和同伴或老师进行对话。这样，一方面可以帮助学生解决可能遇到的语音识别问题，同时也可以增强交际的真实性和挑战性。

玩一玩（Play）

该模块为课件的学习增加了趣味性，同时也让学生在游戏中复习了所学的内容，使学生获得成就感和学习动力。对一些学生来说，仅仅是具有挑战性或者趣味性就可能成为他们学习的动力。因此，在教学中如果能适当运用游戏，不但能帮助学生复习所学的知识和技能，还能增强学生的学习动力。

"玩一玩"模块的游戏可以有选择性地在课堂上完成。有些游戏针对性较强：或针对特定的声、韵、调，或针对某些新学的词语。完成这样的游戏需要以相应内容的学习为基础，因此最好由老师在时机成熟的情况下组织学生进行。有些游戏可以让学生分组比赛，有些可以全班同学一起进行比赛，以增加游戏的竞争性和趣味性。

我们相信乘风汉语课件必将为汉语学习者带来无穷的乐趣，为汉语教师提供丰富的资源和极大的便利！

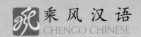

第九集　就要去中国了

本集主要教学内容

语言项目	交际任务	1. 谈论事情的时间安排 2. 使用简单的告别用语
	主要用语	1. 大伟明天上午八点到。 2. 我们一起去接他吧。 3. 我五点去机场。 4. 祝你一切顺利! 5. 你也一样。
	词　汇	机场、星期、六、星期六、上午、八、点、七、飞机、同学、女孩儿、三轮车、意思 接、到、欢迎、回家、坐、拉、打的 激动、顺利 就要……了 吧
	语　法	1. 时间状语 2. 吧
文化项目		1. 住宅小区 2. 儿童的昵称 3. 三轮车 4. 出租汽车

　　本集教学的核心内容为上面所列的语言文化项目,教学目标是学生能运用所学的语言文化知识完成交际任务:谈论事情的时间安排,使用简单的告别用语。

　　具体课堂教学步骤大致遵循"学一学"、"练一练"、"试一试"和"玩一玩"的顺序。

◉ 学一学

登录以后，进入剧情预览部分，浏览故事情节概要。
然后进入"学一学"模块。本集故事分为3个场景：

▶ 场景一

刘建波：好的，明天，我们明天去机场接你。

刘建波：洋洋，明天你有课吗？
刘　洋：爸爸，明天是星期六，没有课。
刘建波：大伟明天上午八点到，我们一起去接他吧。
刘　洋：好的。

陆大伟：子欣吗？我是大伟。
王子欣：啊，你还在房间里？
陆大伟：对，我五点去机场。
王子欣：有人接你吗？
陆大伟：有。就要去中国了，我很激动！
王子欣：我也很激动！大伟，祝你一切顺利！
陆大伟：谢谢你，子欣！你也一样。

▶ 场景二

刘建波：现在几点？
刘　洋：七点三十。大伟的飞机就要到了。

陆大伟：你们好！我是陆大伟！
刘建波：大伟，欢迎你！这是刘洋。
刘　洋：你好，大伟！我是刘洋，很高兴认识你！
陆大伟：刘——洋——，"太平洋"的"洋"吗？
刘　洋：对。你知道太平洋？
陆大伟：我知道，王子欣的家就在太平洋上。
刘　洋：王子欣？王子欣是谁？
陆大伟：夏令营的同学，她也要来中国。
刘　洋：她是女孩儿吗？
陆大伟：对，一个可爱的女孩儿。
刘建波：大伟、洋洋，我们回家吧。

场景三

陆大伟: 我们坐三轮车回家, 好吗?

刘　洋: 好, 坐三轮车, 我拉你。

陆大伟: 你? 拉我? 不, 不。

刘　洋: 要不我们打的?

陆大伟: 打的? "打的"是什么意思?

刘　洋: "打的"的意思是这个!

对于故事主体部分, 课堂上可以按场景逐一处理。每个场景的处理程序是先让学生观看一遍, 回答一两个全局性的问题, 接着再观看一遍或多遍, 并让学生回答较具细节性的问题。在学生对故事内容理解之后再让他们完成与所学场景相对应的故事朗读部分。

场景一

● 故事欣赏

要求学生观看一遍以后, 回答下面的问题:

Who made the phone call to Liu Jianbo?

要求学生再看一两遍以后, 回答下面的问题:

How does David feel before going to China?

On which day will David arrive in Beijing? And at what time?

When will David set off for the airport tomorrow?

Why does David say thanks to Cindy?

● 故事朗读

分角色, 完成与场景一相对应的故事朗读部分 (本场景有4个角色: 刘建波、刘洋、陆大伟和王子欣, 课堂上可以由两个学生分担4个角色, 一名学生充当刘建波和陆大伟, 另一名学生充当刘洋和王子欣。)

场景二

● 故事欣赏

要求学生观看一遍以后, 回答下面的问题:

Who are they talking about at the airport?

Why do they talk about Cindy at the airport?

● 故事朗读

完成与场景二相对应的故事朗读部分。(本场景有3个角色: 刘建波、刘洋和陆大伟, 课上可以由

3 名学生担任这 3 个角色。）

场景三

● 故事欣赏

要求学生观看一遍以后，回答下面的问题：

What kind of traffic does David prefer to use?

Are they going to take a tricycle to go home?

● 故事朗读

完成与场景三相对应的故事朗读部分。（本场景有 3 个角色：刘建波、刘洋和陆大伟，课上可以由 3 名学生担任这 3 个角色。）

3 个场景都处理完后，可进行整个故事的角色扮演。让学生扮演本集故事中的 3 个角色，学生的表演不一定和故事内容完全一致；只需要模仿故事情节表演。

● 场景探索

本集场景探索部分包括两个场景，场景一为机场的出口处，场景二为出租车候车点。场景一中展现的词包括"旅客"、"行李"、"时刻表"等机场常见物品名称；场景二展现的词包括"出租车"、"斑马线"等名词。

场景一		场景二	
1. 牌子	sign; card; plate	1. 柱子	pillar
2. 旅客	passenger	2. 栏杆	rail; railing
3. 行李	luggage	3. 牌子	sign; plate
4. 时刻表	timetable	4. 斑马线	zebra line
5. 柱子	pillar	5. 行李	luggage
6. 地板	floor	6. 广告	advertisement
7. 栏杆	rail; railing	7. 轮子	wheel
8. 屏幕	screen	8. 方向盘	steering wheel
9. 植物	plant	9. 座位	seat
		10. 出租车	taxi; cab

这些词让学生自己学习，其中"牌子"、"行李"、"地板"、"广告"、"出租车"和"座位"可以要求学生掌握音义，并且能说出来，其他的最好能听懂。

● 文化注释

本集文化注释包括：住宅小区、儿童的昵称、三轮车和出租汽车。

其中"儿童的昵称"根据需要可以稍作补充。例如，可以补充介绍一下，在中国，儿童一般有昵称（或者说"小名"）和学名（或称"大名"），从小家里人一般都用"昵称"。"昵称"的来源除了课件中所介绍的——重复学名的最后一个字，还有很多小孩的昵称和学名没有关系。许多小孩的昵称都是某个字的重叠，如"明明"、"胖胖"、"果果"等。

除了"儿童的昵称"，"出租汽车"和"三轮车"在本集的游戏部分也有相关的问题，所以需要让学生认真阅读一下。

● 语言注释

本集语言注释的内容是：时间状语和表建议的语气助词"吧"。

时间状语着重强调了它在句子中的位置需在动词之前。注释提供了4个句子和两段对话为例。并为学生提供了练习：根据图中刘洋的日程表，将合适的时间填到相应的句子中合适的位置（练习中的句子分别在主语后和句末留有空格）。老师可以进行适当的补充。如，可以说出一个时间，让学生自己根据刘洋的日程表说一句话。

答案：

> 她星期二去朋友家。
> 她星期六买东西。
> 她星期天学英语。

"吧"的注释提供了两个例子和两段对话。后面的练习要求学生从"吧"、"吗"、"呢"3个词中选一个填到句子中。练习中的句子都不是问句，答案都为"吧"。

◉ 练一练

本部分包括词语表、理解、表达、汉字、语音和自评6个部分。

● 词语表

词语表列出了本集的27个生词（包括短语）的拼音和英文释义，其中最后3个（就、来、要不）为只在本集呈现的词语。词表可以供学生进行系统复习。

● 理解

理解部分包括4个活动，活动1和2是词语练习，活动3为句子练习，活动4为本集新出现的语篇练习，要求学生阅读一个短信后，根据对话内容完成判断正误的练习。

活动1主要是18个词语的形音义匹配练习。要求学生根据所给词语，选择相应的英语释义，学生可以聆听词语读音。（这18个词依次是：六、七、八、点、上午、星期、三轮车、飞机、机场、同学、女孩、意思、接、到、坐、打的、欢迎、激动）

活动2是图和词语的匹配练习，包括"六点"、"飞机"、"女孩儿"和"三轮车"。

活动3要求学生根据所给的句子和读音，选择合适的英语翻译。

答案：

大伟明天上午八点到。	David will arrive at eight o'clock tomorrow morning.
我五点去机场。	I'll go to the airport at five o'clock.
大伟的飞机就要到了。	David's plane is about to arrive.
就要去中国了，我很激动。	I'm going to go to China, and I am so excited.
我们一起去接他吧。	Let's go together to meet him.
祝你一切顺利！	Hope everything goes smoothly for you!
你也一样。	Same to you!
"打的"是什么意思？	What does '打的' mean?

活动4设计了一对姐弟之间的短信对话。他们的爸爸从外地出差回来，他们通过短信讨论去机场接爸爸的有关问题。

课件在短信之后设计了一些问题，要求学生判断所给的句子是否正确，目的是检查学习者的理解情况。短信内容、问题及答案如下：

短信1.

小弟：
　　爸爸打电话说，他的飞机明天下午2:30到北京机场。明天是星期六，你和我一起去机场接他，好吗？我们1:00走(zǒu, go)，打的去。

姐姐

下列句子是否正确？
1. The father got a telephone call from the elder sister.　Y　**N**
2. The father will arrive at Beijing on Saturday afternoon.　**Y**　N
3. The sister wants the younger brother to go to the airport with her.　**Y**　N
4. The sister will drive to the airport.　Y　**N**

正确说法提示：
1. The elder sister got a telephone call from the father.
4. They will take a taxi to the airport.

短信2.

姐姐：
明天我要和同学、老师一起拍照，不能（néng, can）去接爸爸。我3:30回家，在家等（děng, wait）你们，好吗？ 　　　弟弟
下列句子是否正确？ 1. The brother wants to go shopping with his classmates tomorrow.　　　　　Y　　<u>N</u> 2. The brother will wait for his father and sister tomorrow afternoon.　　　　　<u>Y</u>　　N
正确说法提示 1. The brother wants to take a group photo with his classmates tomorrow.

● 表达

该部分包括4段对话，学生需要应答或主动发起有关对话。

对话1

　　　王子欣：你坐几点的飞机？

　　　陆大伟：八点的，我五点去机场。

对话2

　　　刘　洋：韩江几点到北京，你知道吗？

　　　陆大伟：明天上午八点。

对话3

　　　陆大伟：刘洋，我们吃什么？

　　　刘　洋：吃冰淇淋吧。

对话4

　　　陆大伟：我们一起去接韩江吧。

　　　刘　洋：好的，我们一起去。

● 汉字

这部分的汉字故事讲的是"学"、"女"、"车"3个汉字的字形、字义等方面的知识。

汉字书写练习的是"女"、"同"、"学"、"坐"、"车"5个字的书写。

● 语音

语音部分包括4个活动，其中活动1是声调演示，活动2和活动3是声调练习，活动4要求学生根据语音选汉字。

活动1声调演示部分包括8个声韵组合的不同调值演示。（这8个声韵组合是：fei、jiu、lun、la、nü、tong、xue 和 zuo）

活动2是8个单音节词的语音（主要是声调）练习，学生根据界面上的汉字（同时可以点击右侧

的小喇叭听发音），选择不同的声调。（8个汉字是：六、点、七、八、接、到、坐、拉）

活动3是10个新学习的多音节词的声调练习，学生需要根据读音和汉字选择标有正确声调的拼音形式。（这10个词是：星期、上午、欢迎、同学、女孩、激动、回家、三轮车、打的、意思）

活动4是本集新增加的一个练习形式，目的是学习在特定语境中汉字的用法。学习者首先听到一个个句子，每个句子中有一个空格，学习者需要根据听到的语音选择正确的汉字。因为干扰项都为过去学过的词语，正确答案则主要是新学的词或短语，所以虽然是新形式，但难度不高。

答案：

序号	句子	选项		
1	就要到机场了。	到黄山	到中国	到机场
2	大家很激动。	激动	高兴	喜欢
3	"同学"是什么意思？	打的	回家	同学
4	韩江明天上午八点到。	六点	七点	八点
5	大伟的飞机就要到了。	同学	老师	飞机
6	有人接你吗？	接你	拍照	买花
7	我们欢迎你。	送给	认识	欢迎
8	我们一起去接他吧。	啊	吧	吗

⊙ 试一试

该模块由一个听力练习和3段会话组成。听力练习设计了一段独白，要求学生听完以后，选择正确的句子回答课件中提出的问题。因为是一个较长语段的独白，所以对学生有一定的挑战性。

听力	你好，我是刘洋！今天是三十号，韩江明天就要到北京了。我要和大伟一起去接他，但是，我不知道韩江明天几点到。大伟知道，但是大伟不在家。他在哪儿呢？
问题	刘洋想知道什么？ 1. 韩江几点到。 2. 谁去接韩江。 3. 大伟为什么不在家。
答案	韩江几点到。

会话（一）为会话（二）做准备，场景是大伟坐在三轮车上，学习者点击后开始对话，学生需要使用"真漂亮"、"他明天几点到"等这样的句子来完成该会话。

会话（一）

> 大　伟：你看，北京的三轮车，漂亮吗？
> 学习者：真漂亮！
> 大　伟：韩江也喜欢三轮车，他明天就要到北京了。
> 学习者：他明天几点到北京？
> 大　伟：上午八点半。

　　会话（二）的场景是在刘洋家，学习者需要将会话（一）得到的信息告诉刘洋，因此需要事先熟悉并能使用备用语句，以便主动发起会话。
　　备用语句

> 1. 你好！
> 2. 明天上午八点半。
> 3. 你去接他吗？

会话（二）

> 学习者：你好！
> 刘　洋：你好！韩江明天几点到，你知道吗？
> 学习者：明天上午八点半。
> 刘　洋：谢谢你！
> 学习者：你去接他吗？
> 刘　洋：对，我和大伟一起去接他！

　　会话（三）没有需要学习者参与的部分，主要让学习者聆听，该部分重现了一个机场接人的场景，复习了"好吗"、"好的"等前面已学的语言项目。

◉ 玩一玩

　　本集的两个游戏是"猴子捞月"和"吃豆"。
　　"猴子捞月"练习了"女"、"同"、"学"、"坐"、"车"、"点"、"拉"和"到"等8个汉字。
　　"吃豆"的练习内容包括本集的词（如"飞机"、"同学"、"回家"等）、有关课文的内容（如，别人说"祝你一切顺利"时怎么应答）和文化注释部分的知识。

◉ 补充活动

　　学完本集以后，可以让学生写一段话，谈谈自己一天的时间安排。

第十集　这个······我不会

本集主要教学内容

语言项目	交际任务	1. 学会用"会"表达个人有能力做某事 2. 用方位词指明方向和方位	
	主要用语	1. 跳舞？这个······我不会！ 2. 我爷爷喜欢打太极拳！ 3. 这儿就是休息的房间呀！ 4. 你要去卫生间，对吗？ 5. 前边就是。	
	词　汇	您、阿姨、风筝、照片、前边、爷爷、奶奶、太极拳、茶、杯子、草、茶叶、卫生间 跳舞、会、打、休息 好喝、苦	
	语　法	就	
文化项目		1. 阿姨 2. 风筝 3. 太极拳 4. 绿茶 5. 卫生间 6. 方位表达	

　　本集教学的核心内容为上面所列的语言文化项目，教学目标是学生能运用所学的语言文化知识完成交际任务：用"会"表达自己有能力做某事，用方位词指明方向和方位。

　　具体课堂教学步骤大致遵循"学一学"、"练一练"、"试一试"和"玩一玩"的顺序。

⊙ 学一学

登录以后，进入剧情预览部分，浏览故事情节概要。
然后进入"学一学"模块。本集故事分为3个场景：

▶ 场景一

刘　洋：妈妈，这是陆大伟。大伟，这是我妈妈。
方秀英：大伟，你好！顺利吗？
陆大伟：很顺利，谢谢您，方阿姨！

方秀英：大伟，这是你的房间。
陆大伟：我的房间真漂亮，谢谢方阿姨！

刘　洋：大伟，你喜欢这个吗？
陆大伟：啊，篮球，韩江特别喜欢篮球！我也喜欢！
刘　洋：韩江是谁？
陆大伟：夏令营的同学，他也来北京。
刘　洋：啊，王子欣来北京，韩江也来北京。
陆大伟：不，王子欣去上海。

▶ 场景二

刘　洋：这个呢，你喜欢吗？
陆大伟：啊，风筝！子欣特别喜欢风筝！我也喜欢！
刘　洋：韩江喜欢篮球，所以你也喜欢；子欣喜欢风筝，所以你也喜欢；我喜欢跳舞，所以……
陆大伟：跳舞？这个……我不会！

刘　洋：大伟，看，我家的照片！
陆大伟：一二三四五，你家有五口人。
刘　洋：对，我家有五口人。这是我爸爸，这是我妈妈，这是我。
陆大伟：前边是谁？
刘　洋：我爷爷、奶奶。我爷爷喜欢打太极拳！大伟，你会吗？
陆大伟：打太极拳？这个……我也不会！

场景三

方秀英：大伟，喝茶吧！

陆大伟：好的，谢谢您！方阿姨，杯子里是什么东西，很像草！

刘　洋：对，这是草。你喜欢吗？

陆大伟：我……我……

方秀英：这不是草，是茶叶！很好喝，喝吧。

陆大伟：啊，是茶叶！

方秀英：好喝吗？

陆大伟：很苦，不好喝，我喜欢可乐。

陆大伟：刘洋，休息……休息的房间在哪儿？

刘　洋：休息的房间？这儿就是休息的房间呀！

陆大伟：不是，不是，我要，我要……

刘　洋：你要去卫生间，对吗？

陆大伟：卫——生——间！对对对，卫生间在哪儿？

刘　洋：前边就是。

陆大伟：谢谢！

场景一

● 故事欣赏

要求学生观看一遍以后，回答下面的问题：

How does David think about his room?

要求学生再看一两遍以后，回答下面的问题：

Who likes basketball?

Which city will Cindy go to during her stay in China?

● 故事朗读

分角色，完成与场景一相对应的故事朗读部分。（本场景有3个角色：刘洋、方秀英和陆大伟。）

场景二

● 故事欣赏

要求学生观看一遍以后，回答下面的问题：

Does David likes kites?

要求学生再看一两遍以后，回答下面的问题：

Does David like dancing?

How many people are there in Liu Yang's family? Who are they?

Where are Liu Yang's grandfather and grandmother in the picture?

What does Liu Yang's grandfather like?

Can David do Taijiquan?

● 故事朗读

完成与场景二相对应的故事朗读部分。（本场景有两个角色：刘洋和陆大伟。）

场景三

● 故事欣赏

要求学生观看一遍以后，回答下面的问题：

What kind of drink does Liu Yang's mother give David?

要求学生再看一两遍以后，回答下面的问题：

What does David think the drink is?

How does David think about the drink? What kind of drink does he like?

Where does David want to go?

Does David know the word 'restroom' in Chinese? How does he express it?

Where is the restroom?

● 故事朗读

完成与场景三相对应的故事朗读部分。（本场景有3个角色：方秀英、陆大伟和刘洋。）

● 场景探索

本集场景探索包括两个场景，场景一展示的是房间内常见的物品；场景二是人体的各个部分。

场景一	
1. 床	bed
2. 枕头	pillow
3. 窗户	window
4. 窗帘	curtain
5. 柜子	cabinet
6. 抽屉	drawer
7. 地毯	carpet
8. 台灯	desk lamp

场景二	
1. 手	hand
2. 手指	finger
3. 鼻子	nose
4. 耳朵	ear
5. 眼睛	eye
6. 眉毛	eyebrow
7. 头发	hair
8. 嘴	mouth

9. 图片 picture	9. 舌头 tongue
10. 天花板 ceiling	10. 牙齿 tooth
11. 椅子 chair	11. 脖子 neck
12. 篮球 basketball	
13. 风筝 kite	

场景一中的物品大多数是以前几集中已经出现过的，尽量要求学习者掌握，检查时可以是老师指物，要求学生用汉语说出名称。

场景二学习完以后，可以这样检查学生的理解情况：教师说词语，要求学生指出身体的部位，教师可以越说越快。这一检查形式也可以由学习者两人一组完成。

● 文化注释

本集文化注释包括：阿姨、风筝、太极拳、绿茶、卫生间和方位表达。其中"阿姨"和"方位表达"可以作为重点，老师可适当进行补充。

介绍用"阿姨"、"爷爷"、"奶奶"等亲属称谓称呼亲属以外的人以后，让学生回答：

How can you address your friend's mother, grandfather and grandmother?

介绍完"太极拳"以后，可以观看武打电影的片断，如《太极张三丰》。教师如果能找到太极拳的录像，可以教学生打太极拳。

介绍完"绿茶"以后，如有条件，可以让学生品尝不同茶叶的味道。

介绍完汉语的"方位表达"以后，可以检查一下学生的理解情况。可以画出方位图，教师指方位，让学生用汉语表达。

本部分的"阿姨"和"方位表达"中介绍的有关内容将出现在本集的游戏中。

● 语言注释

本集的语言注释主要讲解和练习了表强调的副词"就"，同时特别提醒学习者"就"、"也"和"还"在汉语句子里要用于动词短语前。

本部分的例子包括两个含"就"的简短对话、3个分别说明"就"、"也"、"还"用法的句子。课件为该语言点设计了两个练习，练习一为词序练习，要求学生将"就"放入句子中正确的位置；练习二是"就"、"也"和"还"的选择填空。

答案：

长城 就 在____这儿____。
这 就 是____二胡____。
她的房间里 就 有____电脑____。
她 就 是____马老师____。

答案:

> 这 就 是休息的房间。
> 她喜欢喝可乐,我 也 喜欢喝可乐。
> 我喜欢喝可乐,还 喜欢喝茶。

老师还可以根据本课的内容,补充几个句子,帮助学生巩固"就"、"也"、"还"3个副词的用法。如:
大伟,这 就 是你的房间。
子欣喜欢风筝,大伟 也 喜欢。
大伟喜欢篮球,还 喜欢风筝。
卫生间在英语里 就 是"休息的房间"。

◎ 练一练

本部分包括词语表、理解、表达、汉字、语音和自评6个部分。

● 词语表

词语表列出了本集的21个生词的拼音和英语释义,可以供学生进行系统复习。

● 理解

理解部分包括4个活动,活动1和活动2是词语练习,活动3为句子练习,活动4为语篇练习。

活动1为词语和英语翻译的匹配。(这20个词是: 茶、草、苦、茶叶、好喝、您、阿姨、爷爷、奶奶、太极拳、杯子、照片、风筝、前边、卫生间、会、打、来、休息、跳舞。)

活动2为15个词语和图画的匹配。(这15个词语是: 女孩、阿姨、爷爷、奶奶、风筝、草、茶叶、杯子、太极拳、休息、跳舞、卫生间)

活动3为8个句子和英语翻译配对。

答案:

前边就是卫生间。	The restroom is just ahead.
杯子里就是茶。	The drink in the cup is just tea.
茶叶很像草。	The tea leaf looks like grass very much.
茶很好喝。	The tea tastes good.
爷爷会跳舞吗?	Is grandfather capable of dancing?
前边是爷爷吗?	Is the man in the front grandfather?
你要喝茶吗?	Do you want to drink some tea?
你要去卫生间吗?	Do you want to go to the restroom?

活动4是语篇练习，要求学习者阅读两段文章后，分别完成判断正误的练习。在这部分，学习者需要先阅读陆大伟的一篇小文章中的两段话，他会介绍茶是什么，刘洋家是怎样的。读完后回答有关问题。文章、练习及答案如下：

短文1.

中国茶很有名，中国人也很喜欢茶。茶叶很漂亮，但是很像草。茶很苦，不好喝，所以我不喜欢。	陆大伟

下列句子是否正确？		
1. All the people in the world like tea.	Y	N
2. Tea is famous and tastes good.	Y	N
3. David thinks that tea looks like grass.	Y	N

正确说法提示
1. Chinese people like tea.
2. Tea is famous, but David doesn't think it tastes good.

短文2.

我现在（xiànzài, now）在刘洋家，她家有五口人，刘洋的爷爷、奶奶、爸爸、妈妈和刘洋。刘洋喜欢跳舞，但是我不会，她爷爷喜欢打太极拳，我也不会。	陆大伟

下列句子是否正确？		
4. There are four people in Liu Yang's family.	Y	N
5. Liu Yang doesn't know how to dance.	Y	N

正确说法提示
4. There are five people in Liu Yang's family.
5. Liu Yang knows how to dance.

● 表达

该部分包括4段对话，学生需要应答或主动发起有关对话。

对话1

陆大伟：谁会打太极拳？

刘　洋：我爷爷会打太极拳。

对话2

陆大伟：刘洋会跳舞，你呢？

王子欣：我也会跳舞。

对话 3

　　陆大伟：阿姨，休息的房间在哪儿？
　　方秀英：前边就是。

对话 4

　　王子欣：这就是茶叶，对吗？
　　陆大伟：对，这就是茶叶。

● 汉字

这部分的汉字故事讲解的是"舞"、"草"、"休" 3 个汉字。

汉字书写部分帮助学习者练习"他"、"不"、"会"、"跳"和"舞" 5 个字的书写。

● 语音

语音部分包括 4 个活动，其中活动 1 是声调演示，活动 2 和活动 3 是声调练习，活动 4 是音节练习。

活动 1 声调演示部分包括 10 个声韵组合带不同声调的发音演示。（这 10 个声韵组合是：sheng、shun、nai、lai、zheng、qian、quan、tiao、cao 和 xiu）

活动 2 是 6 个声调练习，学习者根据界面上的汉字（同时可以点击右侧的小喇叭听发音），选择不同的声调。（这 6 个字是：来、会、打、茶、草、苦。）

活动 3 是 10 个多音节词的声调练习，学习者需要根据读音和汉字选择标有正确声调的拼音形式。（这 10 个词是：太极拳、顺利、风筝、跳舞、照片、前边、茶叶、好喝、卫生间、休息。）

活动 4 为新增的练习形式，改变了原来每组只练一个词或一个音的做法，该活动要求学习者将词语与其正确读音相匹配，每组给出 4 个词和 6 个拼音形式（有两个拼音形式为干扰项），要求学习者以拖拽形式将词语与其正确读音相匹配。

◉ 试一试

该模块由 4 段会话组成。会话（一）设计的场景是在公园里，有人跳舞，有人在打太极拳。会话由陆大伟发起，学习者根据自己的实际情况回答。后 3 段会话需要学习者在熟练掌握备用语句的基础上，主动发起对话，通过与公园中老人的会话，找出刘洋的爷爷。

备用语句

> 1. 您好！
> 2. 您会打太极拳吗？
> 3. 您会跳舞吗？

本模块的 4 段会话，让学习者练习使用本集的语言点"会"。学习者需要自己说出"我会……"、"您会打太极拳吗？"和"您会跳舞吗？"等句子。4 段会话的内容如下：

会话（一）

> 陆大伟：你好！你会跳舞吗？
> 学习者：我不会。/ 我会。
> 陆大伟：太极拳呢，你会打太极拳吗？
> 学习者：我不会。/ 我会。
>
> 如果学习者回答"我不会"：
> 陆大伟：谁会打太极拳，你知道吗？
> 学习者：刘洋的爷爷。
> 陆大伟：对，刘洋的爷爷会打太极拳，但是他不会跳舞。
>
> 如果学习者回答"我会"：
> 陆大伟：刘洋的爷爷也会打太极拳，但是他不会跳舞。

会话（二）

> 学习者：您好！
> 老人甲：你好！
> 学习者：您会打太极拳吗？
> 老人甲：我会打太极拳。
> 学习者：您会跳舞吗？
> 老人甲：我也会跳舞。

会话（三）

> 学习者：您好！
> 老人乙：你好！
> 学习者：您会打太极拳吗？
> 老人乙：我不会打太极拳。
> 学习者：您会跳舞吗？
> 老人乙：我会跳舞。

会话（四）

> 学习者：您好！
> 老人丙：你好！
> 学习者：您会打太极拳吗？
> 老人丙：我会打太极拳。
> 学习者：您会跳舞吗？
> 老人丙：我不会跳舞。

⊙ 玩一玩

两个游戏是"机器人"和"吃豆"。

"机器人"是针对14个汉字设计的。这14个汉字是：您、来、会、打、茶、草、苦、爷、奶、杯、风、跳、休、拳。

"吃豆"练习的内容包括课文、生词和文化注释等方面的有关内容。活动时间较长。

⊙ 补充活动

课上可以做一个表演活动：让一个学习者表演自己会做的事情，比如"跳舞"、"打太极拳"、"打篮球"，其他学习者说"他会跳舞"、"他会打太极拳"等句子。

第十一集　我最喜欢历史课

本集主要教学内容

交际任务		1. 用"还是"询问信息 2. 用"最"进行简单的比较
语言项目	主要用语	1. 你几号去上海？六号还是七号？ 2. 接我的人，你认识，韩江也认识。 3. 我最喜欢中国历史课，历史故事很有意思。 4. 你可以学汉语，还可以玩儿游戏。 5. 当然是真的。
	词　汇	现在、历史、故事、网站、游戏 打、学、玩儿、再见、走、可以 最、多、真的、 有意思、没办法 喂、要不、还是、当然 那
	语　法	1. 还是 2. 最 3. 的
文化项目		1. 历法 2. 颐和园 3. 留学生的课程 4. 乘风 5. 风

　　本集教学的核心内容为上面所列的语言文化项目，教学目标是学生能运用所学的语言文化知识完成交际任务：能够用"还是"询问信息，用"最"进行简单的比较。

　　具体课堂教学步骤大致遵循"学一学"、"练一练"、"试一试"和"玩一玩"的顺序。

⊙ 学一学

登录以后，进入剧情预览部分，浏览故事情节概要。

然后进入"学一学"模块。本集故事分为3个场景：

▶ 场景一

陆大伟：子欣，你几号去上海？六号还是七号？

王子欣：七号。你去机场接我吗？

陆大伟：当然！

王子欣：真的吗？你去上海机场接我？

陆大伟：我现在在北京，你要去上海，真没办法。哎，要不你来北京吧！

王子欣：大伟，你真有意思！

陆大伟：子欣，谁去机场接你？

王子欣：接我的人，你认识，韩江也认识。

陆大伟：谁？是马老师吗？

王子欣：对，马老师去接我。

陆大伟：真的吗？马老师真好！

▶ 场景二

方秀英：大伟，我要去买东西，你去吗？

陆大伟：阿姨，谢谢您！我要给马老师打电话。

方秀英：夏令营的马老师，对吗？

陆大伟：对，马老师现在在上海。

陆大伟：喂，是马老师吗？

马老师：对，你是……？

陆大伟：马老师，您好！我是陆大伟。

马老师：啊，大伟，你好！

陆大伟：马老师，我现在在北京。

马老师：我知道，你喜欢北京吗？

陆大伟：喜欢，我最喜欢北京的颐和园，特别漂亮。

马老师：对，颐和园有山有水，我也很喜欢。

马老师：大伟，你现在课多吗？

陆大伟：课很多，同学也很多。

场景三

马老师：你最喜欢什么课？

陆大伟：我最喜欢中国历史课，历史故事很有意思。马老师，你看，
这是我们的历史书。

马老师：大伟，我现在在上海，没办法看。

陆大伟：马老师，对不起。

马老师：大伟，你知道乘风网站吗？

陆大伟：我不知道。

马老师：这是一个学汉语的网站，很有意思，你可以学汉语，还可
以玩儿游戏。

陆大伟：真的吗？还可以玩儿游戏？

马老师：当然是真的。

陆大伟：那，马老师再见！我要走了。

马老师：什么，你要走了？你要去哪儿？

陆大伟：乘风网站，去玩儿游戏！

场景一

● 故事欣赏

要求学生观看一遍以后，回答下面的问题：

Is David going to meet Cindy at the airport?

要求学生再看一两遍以后，回答下面的问题：

When will Cindy go to Shanghai?

Why does Cindy say that David is really funny?

Who will go to meet Cindy at the Shanghai airport?

● 故事朗读

分角色，完成与场景一相对应的故事朗读"部分。（场景一有两个角色：陆大伟和王子欣。）

场景二

● 故事欣赏

要求学生观看一遍以后，回答下面的问题：

Does David like Beijing?

要求学生再看一两遍以后，回答下面的问题：

Will David go shopping with Fang Xiuying? Why?

Has Fang Xiuying heard of Teacher Ma?

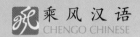

How does Teacher Ma like Yihe Yuan? and why?
Does David have a lot of classes?

● 故事朗读
完成与场景二相对应的故事朗读部分。（场景二有3个角色：方秀英、陆大伟和马老师。）

场景三
● 故事欣赏
要求学生观看一遍以后，回答下面的问题：
Which class does David like best?
要求学生再看一两遍以后，回答下面的问题：
Why does David like the Chinese History class?
Does David know about the Chengo website?
What's the Chengo website for?
Why does David say good-bye to Teacher Ma in a hurry?

● 故事朗读
完成与场景三相对应的故事朗读部分。（场景三有两个角色：陆大伟和马老师。）

● 场景探索
本集场景探索包括两个场景，场景一是标有几处主要名胜的北京市简图；场景二是公园一角。

场景一	
1. 动物园	zoo
2. 颐和园	the Summer Palace
3. 长城	the Great Wall
4. 故宫	the Forbidden City
5. 圆明园	Yuanming Yuan Ruins
6. 天安门	Tian'anmen Square
7. 天坛	the Temple of Heaven
8. 北京大学	Peking university
9. 中央电视台	China Central Television

场景二	
1. 桥	bridge
2. 岛	island
3. 船	boat
4. 救生圈	life buoy
5. 桨	oar
6. 鸟	bird
7. 鱼	fish
8. 荷花	lotus; lotus flower
9. 青蛙	frog

场景一的词语中，"长城"已经学过，"颐和园"在课文中已经出现，学生比较容易掌握。其他词语可以要求学生至少掌握"故宫"、"天安门"和"北京大学"等。
场景二的词语中，"桥"、"岛"、"船"和"鱼"较常用，要求学生能听懂。

● **文化注释**

本集文化注释包括：历法、颐和园、留学生的课程、乘风和风。

有关"历法"的注释，除了课件中的内容，老师还可以告诉学生，中国传统的历法都是阴历，直到20世纪初期才开始采用阳历。因此中国的传统节日还是按照阴历的日期，例如春节、中秋节等。许多地区人们的生日也是按照阴历的日期。一般来说，某一天的阳历日期和阴历日期要相差一个月甚至更长。例如，春节是阴历的1月1号，但春节时阳历的日期有时都已经是2月了。

其他的项目可以让学生自己阅读课件中的文化注释。需要提醒学生的是，关于"历法"以及"风"的文化注释，游戏部分有相关的问题，所以要仔细阅读。每个注释老师可以给出一两个问题，以检查学生的阅读情况。以下是备用问题：

(1) 关于"历法"的问题：

When speaking Chinese, how can you express the 8th day of this month in the lunar calendar?

(2) 关于"颐和园"的问题：

In which city is the Summer Palace located? Beijing or Shanghai?

How long is the history of the Summer Palace?

(3) 关于"留学生的课程"的问题：

Could you name several courses which are likely to be included in the Chinese curriculum if you go to China to learn Chinese?

(4) 关于"乘风"的问题：

What's the meaning of "chengfeng"?

(5) 关于"风"的问题：

Which word refers to the bleak wind in autumn, "west wind" or "east wind"?

● **语言注释**

本集的语言注释包括"还是"、"最"和"的"。

1. 还是

简单介绍"还是"在选择问句中的用法，指出它与英语的or相似。课件给出了4组对话作为例子。设计的练习场景是在饭馆里，学生的任务是需要替服务员问陆大伟和王子欣喝什么饮料。学生需要用拼音输入"你喝茶还是喝可乐"。

针对这个语言项目，老师还可以补充说明，"还是"不一定用在两个选项中，还可以有更多选项。即其用法可以是"A还是B"，也可以是"A、B还是C"。

除了课件中的练习，老师还可以补充几个句子要求学生翻译，并在此基础上要求学生进行对话。具体形式：老师说英语，A学生翻译，B学生回答A学生的问题。

Who went to meet Cindy in the airport? David or Teacher Ma?

Where is Cindy now? Beijing or Shanghai?

2. 最

简单介绍"最"的用法：它一般用在形容词或一些能愿动词（modal verb）的前面。课件提供了

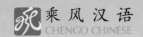

4个例子（两个单句和两个对话）加以说明。学生不一定能理解 modal verb 的意思，老师需要通过举例的形式告诉他们，比如"喜欢"、"想"、"希望"、"感兴趣"等。

"最"的练习形式仍然是学生用拼音输入问句，学生需要根据课件中的两组图片分别输入两句话。第一组图片是王子欣、马老师的弟弟和韩江的人像，学生需要根据提示输入"谁最高"；第二组图片是旗袍、马褂和中山装的图片，学生需要根据提示输入"什么衣服最漂亮"。

针对"最"的语言项目，老师还可以补充一些翻译练习，并在此基础上进行对话（形式同"还是"的补充练习）。

Who is tallest in your family?

Where do you like most？ the Great Wall, Huangshan Mountain or the Summer Palace?

What does David like most? coke, tea or water?（用 what 不用 which，因为学生没有学过"哪个"。另外此句要用"最"和"还是"。）

3. 的

该语言点讲解"的"用于谓词性短语充当定语和它所修饰的中心语之间，如"接我的人"，这类定中结构的定语部分相当于英语的定语从句。课件中例子包括4个单句和两段对话。设计的练习是两组匹配练习。

第一组匹配练习，学生看到两行图片，第一行分别是风筝、篮球、跳舞和打太极拳的图；第二行分别是王子欣、刘洋、爷爷和韩江的图像。当学生将鼠标指向上一行的某幅图时，会听到提问，如"喜欢风筝的人是谁"，这时学生需要从第二行中选择相应的人像（如王子欣）拖动到第一行的图片上。如果正确，学生会听到肯定的反馈，如"对，喜欢风筝的人是王子欣"。否则系统会发出错误提示音。

答案：

喜欢风筝的人是谁？	喜欢风筝的人是王子欣。
喜欢篮球的人是谁？	喜欢篮球的人是韩江。
喜欢跳舞的人是谁？	喜欢跳舞的人是刘洋。
喜欢打太极拳的人是谁？	喜欢太极拳的人是爷爷。

第二组匹配练习要求学生将左栏的英语句子跟右栏相应的汉语句子匹配。具体要求是，学生先点击左栏的英语句子，然后点击右栏的汉语句子。如果正确，则系统自动在两个句子之间连线。否则给出错误提示音。

答案：

the room where we rest —— 我们喜欢的老师

the tea which he likes drinking —— 我们休息的房间

the teacher whom we like —— 他喜欢喝的茶

the disk that I bought —— 我们学汉语的网站

the website where we can study Chinese —— 我买的光盘

⊙ 练一练

本部分包括词语表、理解、表达、汉字、语音和自评 6 个部分。

● 词语表

词语表列出了本集的 23 个生词（其中包括"颐和园"和"给"两个作为呈现内容的词）的拼音和英语释义，可以供学生进行系统复习。

● 理解

理解部分包括 4 个活动，活动 1 为词语练习，活动 2 是短语（或短句）练习，活动 3 是句子练习，活动 4 为语篇（阅读）练习。

活动 1 为词语和英语翻译的匹配，练习了本课除"颐和园"、"给"和"可以"以外的全部生词，共 20 个。

活动 2 要求学生根据上面的英语意思（同时还可以点击小喇叭图标听到汉语词组的发音），将所给的词语按照正确的先后顺序拖放到上面的方框中，组成相应的短语或短句。当学生全部正确地将词拖放到方框中时，系统播放该短语或短句的发音。

答案：

序号	句子	选项			
1	A website for learning history.	学	历史	的	网站
2	Cannot make phone calls now.	现在	没办法	打	电话
3	In that case, I am really going.	那	我	真的	走了
4	This story is very interesting.	这个	故事	很	有意思
5	You can play games here.	这里	可以	玩	游戏

活动 3 的句子练习，要求学生将右侧的汉语句子拖放到左边相应的英语意思上。练习的句子是本集的主要语言点，或含有本集的重要词语。

答案：

我最喜欢的课是历史课。	History is my favorite subject.
我知道很多历史故事。	I know a lot of stories from history.
这个游戏网站很有意思。	The games website is very interesting.
这个网站可以学汉语。	You can learn Chinese at the website.
你和我一起走，还是和他一起走？	Are you going with him or me?
茶很苦，要不你喝可乐吧？	Tea's quite bitter. How about some coke instead?
我当然知道乘风网站。	I of course know the Chengo website.
我真的没办法去你家。	I really can't go to your house.

活动4是语篇阅读练习，这一部分，学生将读到一篇介绍乘风网站的文章，然后需要根据文章内容判断一些句子是否正确。文章、问题及其答案如下：

乘风网站

欢迎大家来到乘风网站！

这是中国最好的汉语网站，不管（bùguǎn, no matter）你要学汉字，还是学口语（kǒuyǔ, spoken language），都（dōu, both）可以来这里。在乘风网站，你还可以玩儿游戏，还有孙悟空这个好朋友帮你，真的很有意思！

下列句子是否正确？

1. Chengo is the best Chinese learning website.   <u>Y</u>   N

2. You can only learn spoken Chinese at Chengo.   Y   <u>N</u>

3. The good friend game is very interesting.   Y   <u>N</u>

正确说法提示

2. You can learn not only spoken Chinese but also Chinese characters at Chengo.

3. Sun Wukong is your good friend but there is not a good friend game.

● 表达

该部分包括4段对话：

对话1

　　韩　江：你最喜欢玩儿什么游戏？

　　陆大伟：我最喜欢玩儿乘风网站的游戏。

对话2

　　刘　洋：你最喜欢什么课？

　　陆大伟：我最喜欢历史课。

对话3

　　陆大伟：你要去上海，还是去北京？

　　王子欣：我要去上海。

对话4

　　王子欣：接你的人是大伟还是刘洋？

　　韩　江：接我的人是大伟。

● 汉字

这部分的汉字故事讲的是"多"、"网"、"法"、"见"、"走"。

汉字书写练习的是"历"、"史"、"课"、"最"、"有"、"意"、"思"7个字。

● 语音

语音部分包括4个活动，其中活动1是声调演示，活动2和活动3是声调练习，活动4是音节练习。

活动1声调演示部分包括 fa、wan、wang、ban、ran、zhan、xian、dang、duo 和 zou 10个音节带不同声调的读音。

活动2是6个声调练习，学习者根据界面上的汉字（同时可以点击右侧的小喇叭听发音），选择不同的声调。（这6个字是：多、喂、最、学、玩、走）

活动3要求学生给10个生词的每个音节标注声调。（这10个词是：还是、当然、可以、要不、现在、历史、故事、网站、没办法、游戏）

活动4为新增加的形式，共练习了两组词和拼音，每组给出4个词和6个拼音形式（其中有两个拼音形式为干扰项），要求学生以拖拽形式分别将每个词语与其正确读音相匹配。

⊙ 试一试

本集的"试一试"模块包括一段听力和3段会话活动。

在听力活动中，学生先听到一段录音，然后需要根据录音内容判断后边的3个句子是否正确。

答案：

李佳月他们星期六要去玩儿。但是我还不知道他们是去长城，还是去颐和园。我要和他们一起去玩儿，你能帮我吗？
下列句子是否正确？ 1. Only Jiayue and David will go.　　　　　　　　　　Y　　N 2. David doesn't know where to go.　　　　　　　　　Y　　N 3. They will go on Sunday.　　　　　　　　　　　　　Y　　N
正确说法提示： 1. Jiayue, David, and others will go. 3. They will go on Saturday.

会话（一）要求学生在熟练掌握备用语句的情况下，点击画面中的李佳月，然后向她了解他们的旅行计划。

备用语句

1. 你们星期六要去玩儿，对吗？ 2. 你们去长城，还是去颐和园？ 3. 大伟可以和你们一起去吗？ 4. 我不知道。

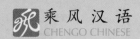

会话（一）

学　生：你们星期六要去玩儿，对吗？
李佳月：对，星期六上午八点。
学　生：你们去长城，还是去颐和园？
李佳月：我们去颐和园，颐和园最漂亮。
学　生：大伟可以和你们一起去吗？
李佳月：当然可以。韩江也去吗？
学　生：我不知道。

会话（二）

大　伟：佳月他们要去哪儿？长城还是颐和园？
学　生：他们要去颐和园。
大　伟：我可以和他们一起去吗？
学　生：当然可以。韩江也去吗？
大　伟：我不知道。
学　生：那我给他打电话吧。

在会话（三）中，学生需要将会话（一）中得到的新信息通过会话告诉韩江。学生要在熟练掌握备用语句的情况下，与韩江进行对话，告诉他有关李佳月他们旅行计划的信息。

备用语句

1. 韩江，佳月他们要去玩儿，你去吗？
2. 他们要去颐和园。
3. 大伟也去。

会话（三）

学　生：韩江，佳月他们要去玩儿，你去吗？
韩　江：他们要去哪儿？
学　生：他们要去颐和园。
韩　江：啊，我最喜欢颐和园。大伟也去吗？
学　生：大伟也去。

"试一试"模块的这几个活动可以帮助学生复习和运用本集学习的重点语言格式和主要用语。如"还是"、"可以"、"最"等。

⊙ 玩一玩

本部分包括两个游戏："西部火车"和"赛车"。

做"西部火车"游戏之前，学生需要了解"我"、"是"、"喜"、"历"、"史"5个汉字，学生需要根据提示的拼音找出相应的汉字。

"赛车"游戏练习的内容包括生词、课文、语言注释和文化注释等部分的内容。

⊙ 补充活动

学完本集内容后，可让学生做一个"最"的连句游戏。

准备工作：卡片，每个人至少两张；将前面学过的可以描述人的形容词或动词短语抄在投影胶片上，或写在黑板上。这些词可以包括"漂亮"、"可爱"、"酷"、"有意思"、"高兴"、"有名"、"激动"、"喜欢喝茶"、"喜欢吃冰激凌"等。

游戏程序：首先，给每个同学一张卡片，要求他们写上一位本班同学的名字。然后给第二张卡片，每个人从所给的形容词中选一个写在卡片上。接着分别将两组卡片顺序打乱，依次让每个学生抽两张，一张从人名中抽取，一张是形容词或动词短语。抽完后，学生需要根据卡片内容说出"某某最……"的句子，如"Anna 最漂亮"等。

该游戏的变体是：让学生自己写描述人的形容词或动词短语。还可以结合"还是"，在抽取卡片后，说出"谁最……？我还是某某（卡片上的人名）"的句子。

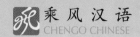

第十二集　去大伟家怎么走

本集主要教学内容

交际任务		1. 问路 2. 简单地指路 3. 用"怎么"询问动作、行为的方式或途径
语言项目	**主要用语**	1. 请问，乘风小区怎么走？ 2. 一直走，到第一个路口往左拐。 3. 大伟也这样说。
	词　汇	后天、时间、小区、路口、左、长江、河、毛笔 条、这样、怎么 请问、想、往、拐、写、成功、长 不客气 一直
	语　法	1. 怎么 2. 这样
文化项目		1. 地址表达方式 2. 宠物 3. 长江 4. 毛笔与中国书法 5. 马的象征意义

　　本集教学的核心内容为上面所列的语言文化项目，教学目标是学生能运用所学的语言文化知识完成交际任务：掌握问路、说明方向和位置的语言知识和技能，初步掌握使用"怎么"询问动作的方式。
　　具体课堂教学步骤大致遵循"学一学"、"练一练"、"试一试"和"玩一玩"的顺序。

⊙ 学一学

登录以后，进入剧情预览部分，浏览故事情节概要。
然后进入"学一学"模块。本集故事分为3个场景：

▶ **场景一**

陆大伟：喂，请问，韩江在家吗？
韩　江：啊，大伟，是你！
陆大伟：韩江，后天你有时间吗？
韩　江：后天星期几？
陆大伟：星期六。你来我家玩儿吧。
韩　江：好的，我很想认识刘洋。你家在哪儿？
陆大伟：乘风小区8号楼501。
韩　江：乘风小区，8号楼501。好的，那我们星期六再见。

▶ **场景二**

韩　江：请问，乘风小区怎么走？
路　人：一直走，到第二个路口往左拐。
韩　江：一直走，第二个路口，往左拐。谢谢！
路　人：不客气，再见！
韩　江：请问，8号楼怎么走？
路　人：一直走，到第一个路口往左拐。
韩　江：谢谢！
路　人：不客气！

陆大伟：韩江，这是刘洋，太平洋的"洋"。
韩　江：你好，刘洋！很高兴认识你！
刘　洋：你好，韩江！韩——江——，长江的"江"，对吗？
韩　江：长江是什么？
陆大伟：长江是长城的弟弟！
刘　洋：哈哈哈哈，大伟，你真有意思！
陆大伟：韩江，你看，这是长江！
韩　江：啊，是一条河！
陆大伟：对，长江是中国最长的河。

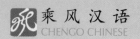
▶ 场景三

韩　江：这是茶叶吗？很像草！
刘　洋：大伟也这样说。
韩　江：所以我们是好朋友！

韩　江：刘洋，这是谁的毛笔？
刘　洋：是我爸爸的，他喜欢写毛笔字。你们看！
韩　江：大伟，这是字还是画？
陆大伟：这不是画，这是字。
韩　江：这是什么字？
陆大伟：这是"马"，这是"到"，这是"成功"，马到成功！

场景一

● 故事欣赏

要求学生观看一遍以后，回答下面的问题：
What does David invite John to do?
要求学生再看一两遍以后，回答下面的问题：
When will John visit David's home?
Where does David live?

● 故事朗读

完成与场景一相对应的故事朗读部分。（本场景有两个人物：韩江和陆大伟。）

场景二

● 故事欣赏

要求学生观看一遍以后，回答下面的问题：
What is Changjiang?
要求学生再看一两遍以后，回答下面的问题：
How can John get to Chengfeng Xiaoqu? And how can he get to Building 8?
What's the longest river in China?

● 故事朗读

完成与场景二相对应的故事朗读部分。（本场景有 4 个人物：韩江、陆大伟、路人和刘洋。）

场景三

● **故事欣赏**

要求学生观看一遍以后，回答下面的问题：

What is John drinking?

What does Liu Yang's father like doing?

要求学生再看一两遍以后，回答下面的问题：

What do John and David think when they see the tea leaves?

What does Liu Yang show to John and David? What's written on it?

● **故事朗读**

完成与场景三相对应的故事朗读部分。（本场景有 3 个人物：陆大伟、韩江和刘洋。）

● **场景探索**

本集场景探索包括两个场景，场景一是乘风小区门口，场景二是世界地图。

场景一			场景二	
1. 东	east		1. 大西洋	the Atlantic Ocean
2. 西	west		2. 太平洋	the Pacific Ocean
3. 南	south		3. 印度洋	the Indian Ocean
4. 北	north		4. 北冰洋	the Arctic Ocean
5. 红绿灯	traffic light(s)		5. 亚洲	Asia
6. 警察	police		6. 欧洲	Europe
7. 汽车	car		7. 非洲	Africa
8. 自行车	bicycle		8. 北美洲	North America
9. 路标	road sign		9. 拉丁美洲	Latin America
10. 灯	light		10. 大洋洲	Oceania
11. 牌子	sign		11. 南极洲	Antarctica

场景一中的词语是表现方位以及马路上常见事物和人的名称。其中"牌子"在第九集中出现过，所以学生记忆负担应该不重。这些词除了"路标"，都可以要求学生掌握，既能听懂而且能自己用汉语说出。检查的形式可以利用课件中的画面。也可以老师说英语，学生说汉语。

场景二的词语有一定的难度，因为音节较长。可以要求学生尽量能听懂，并记住自己国家和中国所在的洲。

● 文化注释

本集文化注释包括：地址表达方式、宠物、长江、毛笔与中国书法和马的象征意义。

有关"地址表达方式"的注释，老师可以联系时间表达的中英差异多举两个例子进行说明，并且对学生理解的情况进行检查。检查的方法可以是让学生填写一个信封，老师按英语的习惯给地址（如分四行写，陆大伟，乘风小区8号楼502，北京市学院路，北京中国）。

有关"宠物"的文化注释，老师可以针对课件中的内容提一两个问题。如让学生判断下面的说法是否正确：

In China, dogs must be registered with the relevant government agency, and their owners must obtain a dog-keeping permit.

有关"长江"的说明，老师可以问两个问题：

Which of the following scenic spots and historical sites are along the Yangtze River riverbanks? The Grand Buddha at Leshan, the Yueyang Pavilion, the Great Wall or the Summer Palace?

How long is the Yangtze River?　　A) 63 000km　　B) 6 300km　　C) 6.30km

关于"毛笔与中国书法"，除了让学生了解课件中的内容，欣赏课件中的图片外，老师可以将毛笔的实物和宣纸带到教室，让学生尝试写一两个字，亲身感受一下用毛笔的感觉。

关于"马的象征意义"，老师可以补充一些其他动物在汉语中的象征意义，并和英语中动物的象征意义进行比较。如狗在汉语里常常有不好的意思，龙在汉语里常常代表皇帝等。

游戏部分包含有关"长江"和"马的象征意义"的问题。

● 语言注释

本集的语言注释包括"怎么"和"这样"。这两个代词都用在动词前，表示动作的方式。

"怎么"用于询问方式时，动词不用否定式。课件的注释提供了4个对话作为例子，然后设计了一组匹配练习。该练习主要让学生将上行的动词"玩"、"做"、"打"分别拖动到下行的游戏、旗袍和篮球图标上。匹配正确就会听到相应句子的录音：

> 这个游戏怎么玩儿？
> 旗袍怎么做？
> 篮球怎么打？

教师还可以补充如下的翻译练习：

Excuse me, how to get to Yihe Yuan?

How do you go home?

How do you study Chinese?

How do you know I like tea?

How to write this character?

"这样"的注释以两个句子和一个对话为例，并设计了一个组词成句的练习。

答案

词语	答案
马老师 说 这样 也	马老师也这样说。
太极拳 打 这样 要	太极拳要这样打。
旗袍 这样 要 做	旗袍要这样做。

⊙ 练一练

本部分包括词语表、理解、表达、汉字、语音和自评 6 个部分。

● 词语表

词语表列出了本集的 20 个生词的拼音和英语释义，可以供学生进行系统复习。汉字知识介绍，可以让学生自己学习。

● 理解

理解部分包括 4 个活动：活动 1 和活动 2 是词语练习，活动 3 为句子练习，活动 4 为听力练习，要求学生根据听到的内容，从所给选项中选择正确的答案。

活动 1 为词语和英语翻译的匹配。练习的词语是除了"条"、"这样"以外其他所有生词，共 18 个。

活动 2 为词语和图画的匹配。练习的词语包括：毛笔、左、河、路口。

活动 3 为八个句子和英语翻译配对。

答案：

您家在哪儿？	Where is your home?
请问，去机场怎么走？	Excuse me, which is the way to the airport?
一直走，到第二个路口往左拐。	Go straight, then turn left at the second intersection.
我们一起走吧。	Let's go together.
后天你有时间吗？	Do you have time the day after tomorrow?
毛笔字怎么写？	How do you write Chinese characters with a writing brush?
长江是中国最长的河。	The Yangtze River is the longest river in China.
陆大伟也这样说。	That's also what David said.

活动 4 为新增加的练习形式，要求学生根据录音内容选择正确的答案。

答案

录音文本	选项	
1. 后天你有时间吗？	A 我有时间。	B 我不想去。
2. 今天去机场很顺利。	A 刘洋也这样说。	B 我明天去。
3. 你看，这是长江。	A 我不喜欢看书。	B 对，长江是一条河。
4. 毛笔字怎么写？	A 我喜欢写毛笔字。	B 你看，这样写。

● 表达

该部分包括4个对话：

对话1

韩　江：乘风网站的游戏很有意思。

马老师：陆大伟也这样说。

对话2

陆大伟：请问，去机场怎么走？

路　人：一直走，到第二个路口往左拐。

对话3

陆大伟：刘洋，毛笔字怎么写？

刘　洋：问我爸爸吧，他喜欢写毛笔字。

对话4

刘　洋：韩江这样说，你也这样说。

陆大伟：所以我们是好朋友。

● 汉字

这部分的汉字故事讲的是"小"、"长"、"江"3个汉字。

汉字书写练习的是"大"、"伟"、"家"、"怎"、"么"、"走"6个字。

● 语音

语音部分包括4个活动，其中活动1是声调演示，活动2和活动3是声调练习，活动4是音节练习。

活动1声调演示部分包括 gong、guai、jiang、lu、qing、wen 和 zen 7个音节。

活动2是8个声调练习，学生根据界面上的汉字（同时可以点击右侧的小喇叭听发音），选择不同的声调。（这8个汉字是：想、往、左、拐、长、条、河、写。）

活动3是12个多音节词的声调练习，学生需要根据读音和汉字选择标有正确声调的拼音形式。（这12个词是：请问、后天、时间、小区、怎么、一直、路口、不客气、长江、这样、毛笔、成功。）

活动4要求学习者根据听到的语音在所给的选项中选择正确的答案填到句子的空格处，练习内容包括本课和以前所学的词和短语。

答案

序号	句子	选项		
1	后天你有时间吗?	去机场	有时间	打篮球
2	这是谁的毛笔?	风筝	电脑	毛笔
3	"成功"是什么意思?	成功	拍照	流行
4	他朋友也这样说。	写	说	吃
5	明天下午你们怎么去?	想	去	玩
6	这里有一条河。	一条河	一个小区	一包茶叶
7	请问,这个游戏怎么玩儿?	对不起	你好	请问

⊙ 试一试

这部分包括两个会话。会话(一)需要学生在熟练掌握所给句子的基础上,主动发起对话,通过与方阿姨的对话,找出大伟在哪儿。

备用语句

1. 阿姨,大伟在哪儿,您知道吗?
2. 您家在哪儿?
3. 请问,怎么走?
4. 阿姨,谢谢您!

会话(一)

学　生:阿姨,大伟在哪儿,您知道吗?
方秀英:在我家,他和刘洋在一起。
学　生:您家在哪儿?
方秀英:乘风小区8号楼。
学　生:请问,怎么走?
方秀英:一直走,到第二个路口往左拐。
学　生:阿姨,谢谢您!
方秀英:不客气。

会话(二)需要学生熟练掌握有关句子后完成和大伟的对话。

备用语句

1. 大伟,明天你有时间吗?
2. 我们一起玩儿吧。
3. 乘风小区20号楼。
4. 一直走,到第二个路口往左拐。

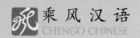
会话（二）

> 学　生：大伟，明天你有时间吗？
> 大　伟：明天是星期六，我有时间。
> 学　生：我们一起玩吧。
> 大　伟：去哪儿玩儿？
> 学　生：乘风小区 20 号楼。
> 大　伟：请问，怎么走？
> 学　生：一直走，到第二个路口往左拐。
> 大　伟：好的，我明天去。

学生完成两个对话后，可以听到下面一段话：

　　这儿真有意思！可以跳舞，可以打篮球，还可以玩游戏，真的很有意思！我喜欢这儿，谢谢你！

通过这两个对话，让学生练习使用本集的语言点"怎么"，并能问路和指出方位。学生需要自己说出"请问，去……怎么走？"、"一直走，到第二个路口往左拐。"等句子。

◉ 玩一玩

本集的游戏包括"翻脸谱"和"攀岩"。

"翻脸谱"练习的主要是本集的词语，要求学生在翻开脸谱时记住脸谱下的词语（汉字形式）。该游戏由简到难分为 3 种模式，练习了"往"、"左"、"拐"、"长"、"条"、"河"、"写"、"路口"、"后天"、"时间"、"小区"、"怎么"和"一直"13 个词语。其中最简单的模式，练习了 4 个词语；一般模式练习了 6 个词语；复杂模式练习了 8 个词语。前一模式练习的是单音节词，后两种模式单双音节的词语都有。

"攀岩"练习的内容包括生词、课文内容、语言注释和文化注释的有关内容。

◉ 补充活动

课上可以让学生每人带一张地图来，两人一组根据地图做问路的练习。地图可以是学校的地图，学生所在城市的地图，也可以是图书馆、家的平面图。

可以布置一项作业，要求学生准备在课堂上说一说从学校到自己家怎么走，如果比较复杂，可以让学生画一张示意图，帮助其他学生理解。

第十三集　生日蛋糕

本集主要教学内容

交际任务		1. 祝贺生日 2. 用"Verb+不+Verb"提问
语言项目	主要用语	1. 祝你生日快乐！ 2. 我给你介绍两个新朋友。 3. 你们吃不吃蛋糕？
	词汇	生日、两、门、名人、蛋糕、面条、晚上 祝、请进、给、介绍、开、听、讲、倒、告诉 快乐、新、好吃、一定 没问题
	语法	1. 给 2. Verb+不+Verb
文化项目		1. 庆祝生日 2. 送礼习俗 3. 曹操

　　本集教学的核心内容为上面所列的语言文化项目，教学目标是学生能运用所学的语言文化知识完成交际任务，会祝贺他人生日，用"Verb+不+Verb"提问。

　　具体课堂教学步骤大致遵循"学一学"、"练一练"、"试一试"和"玩一玩"的顺序。

⊙ 学一学

　　登录以后，进入剧情预览部分，浏览故事情节概要。

　　然后进入"学一学"模块。本集故事分为3个场景：

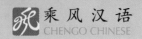

场景一

李佳月：刘洋，祝你生日快乐！

刘　洋：请进！真漂亮，谢谢你！我给你介绍两个新朋友。这是陆大伟，这是韩江。

李佳月：你们好！我是李佳月，很高兴认识你们！

陆、韩：佳月，你好！

李佳月：是不是江伟峰？

刘　洋：对，一定是他。

李佳月：我帮你开门。

场景二

江伟峰：刘洋，祝你生日快乐！佳月，这是你要的东西。

刘、李：谢谢你，伟峰！

陆大伟：这是谁？

李佳月：这是曹操，历史名人，你不知道吗？

刘　洋：你们吃不吃蛋糕？

陆大伟：什么，吃曹操？他是人，怎么吃？

刘　洋：大伟，你真有意思！是吃蛋糕！这个，这是蛋糕。

陆大伟：啊，蛋糕。吃，蛋糕我特别喜欢！

韩　江：蛋糕我也喜欢！

李佳月：今天是你生日，怎么不吃面条？

刘　洋：面条晚上吃，蛋糕现在吃！

众　人：好吃，真好吃！

场景三

江伟峰：你们玩儿不玩儿游戏？

韩　江：我想玩儿乘风游戏。

陆大伟：我想听佳月讲曹操的故事。佳月，好吗？

李佳月：没问题。

刘　洋：我帮你们倒茶。

江伟峰：我们玩儿游戏，他们讲故事，你呢？

刘　洋：嘿嘿，不告诉你们！

场景一

● 故事欣赏

要求学生观看一遍以后，回答下面的问题：

Whose birthday is today?

要求学生再看一两遍以后，回答下面的问题：

Who were introduced to Li Jiayue?

Who came last?

● 故事朗读

分角色，完成与场景一相对应的故事朗读部分。（场景一有4个角色：刘洋、李佳月、陆大伟和韩江。）

场景二

● 故事欣赏

要求学生观看一遍以后，回答下面的问题：

What did Jiang Weifeng give Li Jiayue?

What are they eating?

要求学生再看一两遍以后，回答下面的问题：

Does David know about Cao Cao?

Who likes cake very much?

What kind of special food do Chinese people eat on their birthday? Will Liu Yang eat it today?

● 故事朗读

完成与场景二相对应的故事朗读部分。（场景二有5个角色：刘洋、李佳月、江伟峰、陆大伟和韩江。）

场景三

● 故事欣赏

要求学生观看一遍以后，回答下面的问题：

Will all of them play a game together?

要求学生再看一两遍以后，回答下面的问题：

Who are going to play a game?

What is David going to do?

What is Liu Yang going to do?

● 故事朗读

完成与场景三相对应的故事朗读部分。(场景三有5个角色 刘洋、李佳月、江伟峰、陆大伟和韩江。)

● 场景探索

本集场景探索包括两个场景，场景一是为庆祝生日而布置的房间，场景二是中国的一些历史文化名人。

场景一		场景二	
1. 气球	balloon	1. 曹操	Cao Cao
2. 彩带	colored ribbon	2. 秦始皇	First Emperor of the Qin Dynasty
3. 蛋糕	cake	3. 孟子	Mencius
4. 蜡烛	candle	4. 李白	Li Bai
5. 酒	spirits; alcohol	5. 武则天	Empress Wu; Wu Zetian
6. 糖果	candy; sweets	6. 成吉思汗	Ghengis Khan
7. 盘子	plate	7. 屈原	Qu Yuan
8. 刀子	knife	8. 郑成功	Zheng Chenggong
9. 叉子	fork	9. 孙中山	Sun Yat-sen
10. 杯子	cup	10. 毛泽东	Mao Zedong

场景一中的词语，"杯子"已经学过，"蛋糕"在课文中已经出现，"酒"、"盘子"、"刀子"、"叉子"比较常用，可要求学生掌握。场景二中的历史文化名人可让学生记住自己感兴趣的人物。

● 文化注释

本集文化注释包括：庆祝生日、送礼习俗和曹操。

关于"庆祝生日"，可以补充介绍中国人重要的生日，如满月、周岁、整生日（逢10的生日）等。其他文化注释让学生自己阅读，提醒学生游戏部分有关于"曹操"的问题。

每个注释老师可以给出一两个问题，检查学生的阅读情况。这几个文化项目的备用问题如下：

(1) 关于"庆祝生日"的问题：

According to tradition, what do Chinese people eat on their birthday? Why?

(2) 关于"送礼习俗"的问题：

On what occasions do Chinese people give others gifts? What can not be sent as a gift and why? Traditionally, when do Chinese people open a gift from others?

(3) 关于"曹操"的问题：

What do Chinese people think about Cao Cao?

最后可以让学生比较一下中美"庆祝生日"和"送礼习俗"的相同点和不同点。

● 语言注释

本集的语言注释包括"给"和"Verb+ 不 +Verb"正反疑问句。

1. 给

介词"给"引入事物的接收者或服务对象，与英语的for, to相似。课件给出了4个句子作为例子，除了第三个句子是引入服务对象，其他三个句子都是引入事物的接收者。练习要求学生用"给"描述图画，学生需要用拼音输入"陆大伟给刘洋开门"、"罗斯给他们拍照"。

老师还可以补充下面的翻译练习：

My father bought a bike for my younger brother.

Liu Yang poured tea for David.

Li Jiayue told the story of Cao Cao to David.

David drew a map for John..

2. Verb+ 不 +Verb

"Verb+ 不 +Verb"是正反疑问句的形式，和"吗"的功能相同，都用于提问。课件给出了两个句子和两个对话作为例子，并设计了两个练习。练习一的任务是学习者替马老师问她的3个学生是否喜欢历史。学生需要用拼音输入"你喜欢不喜欢历史？"练习二要求学生把用"吗"的句子改写成用"Verb+ 不 +Verb"格式，学生需要用拼音输入"你是不是老师""你坐不坐三轮车"。

老师还可以补充一些练习。如，让学生两人一组，用下面的词组和"Verb+ 不 +Verb"提问并回答：

词组	答案
喝 茶	你喝不喝茶？
后天 有 时间	你后天有没有时间？
知道 曹操	你知道不知道曹操？
打 篮球	你打不打篮球？
去 卫生间	你去不去卫生间？
认识 马老师	你认识不认识马老师？

◎ 练一练

本部分包括词语表、理解、表达、汉字、语音和自评6个部分。

● 词语表

词语表列出了本集的21个生词（其中包括"曹操"作为呈现内容）的拼音和英语释义，可以供学生进行系统复习。

● 理解

理解部分包括 4 个活动，活动 1 和活动 2 为词语练习，活动 3 是短语和句子练习，活动 4 为语篇练习。

活动 1 为词语和英语翻译的匹配，练习除"给"和"曹操"以外的全部生词，共 20 个。

活动 2 为词语和图画的匹配，练习 4 个动词和 4 个名词。（这些词包括：听、讲、开、倒、蛋糕、面条、门、晚上。）

活动 3 的短语和句子练习，要求学生根据英语意思（同时还可以点击小喇叭图标听到汉语词组的发音），将所给的词语和词组按照正确的先后顺序拖放到上面的方框中，组成相应的短语或句子，当学生将词全部正确拖放到方框中时，系统播放该短语或句子的发音。

答案：

1. She has a delicious birthday cake at her house.	她家 有 好吃的 生日蛋糕
2. Let's eat noodle tonight.	今天 晚上 吃 面条
3. I will definitely tell you.	我 一定 告诉 你
4. I'll open the door for you.	给 你 开 门
5. Listen to him telling stories.	听 他 讲 故事
6. Pour two cups of tea for him.	给 他 倒 两杯茶
7. I want to introduce a new friend.	要 介绍 一个 新朋友

活动 4 是两个语篇阅读练习，这一部分，学生将读到李佳月和江伟峰之间的两个留言条。然后需要根据留言条的内容判断一些句子是否正确。

> 伟峰，祝你生日快乐！我今天中午（zhōngwǔ，noon）要在学校听历史讲座（jiǎngzuò，lecture），没办法和你一起吃蛋糕。晚上我一定来！
>
> 李佳月

下列句子是否正确？

1. Today is Jiang Weifeng's birthday.　　　　　　Y　　N
2. Jiayue will give a history lecture at noon.　　　Y　　N
3. Jiayue will also not come tonight.　　　　　　Y　　N

正确说法提示：

2. Jiayue will listen to a history lecture at noon.
3. Jiayue will come tonight .

好吧，佳月，晚上有好吃的面条，我们一起吃吧。我还要给你介绍几个新朋友，是美国人，他们想认识你，想听你讲故事。

江伟峰

下列句子是否正确？

4. Jiang Weifeng invites Jiayue to eat birthday cake with him tonight.　　Y　　N

5. Jiang Weifeng will introduce a friend to Jiayue.　　Y　　N

6. It seems that Jiayue knows many stories.　　Y　　N

正确说法提示：

4. Jiang Weifeng invites Jiayue to eat noodles with him tonight.

5. Jiang Weifeng will introduce several friends to Jiayue.

● 表达

该部分包括4段对话：

对话1

王子欣：我们一起合影吧！

罗　斯：我帮你们拍照。

对话2

陆大伟：你给我讲故事，好吗？

李佳月：没问题，你想听什么故事？

对话3

刘　洋：蛋糕很好吃，你吃不吃？

陆大伟：谢谢，我喜欢蛋糕。

对话4

李佳月：祝你生日快乐！

刘　洋：谢谢你！我们吃蛋糕吧！

● 汉字

这部分的汉字故事讲的是"生"、"日"、"门"和"名"。

汉字书写练习的是"祝"、"你"、"生"、"日"、"快"、"乐"这句话中的6个字。

● 语音

语音部分包括4个活动，其中活动1是声调演示，活动2和活动3是声调练习，活动4是音节练习。

活动1声调演示部分包括 ti、ting、xin、shao、su、zhu、kuai、kai、mian 9个音节带不同声调的读音。

活动2是8个声调练习，学习者根据界面上的汉字（同时可以点击右侧的小喇叭听发音），选择不同的声调。（这8个字是：祝、两、新、开、门、听、讲、倒。）

活动3要求学生给10个生词的每个音节标注声调。（这10个词是：生日、快乐、请进、介绍、一定、蛋糕、面条、晚上、没问题、告诉。）

活动4练习了两组词和拼音，每组给出4个词和6个拼音形式（其中有两个拼音形式为干扰项），要求学生以拖拽形式分别将每个词语与其正确读音相匹配。

⊙ 试一试

本集的试一试模块设计了一个听力练习和3个会话活动。

听力练习是会话活动的前导，学生需要从中听出自己要做的事情（帮助李佳月给陆大伟和刘洋打电话），听完李佳月的一段话后，学生还要完成3个判断正误的练习。

场景

李佳月的房间。她正往桌子上摆放生日蛋糕。

听力文本

你好，我是李佳月，很高兴认识你！看，这是我的生日蛋糕，漂亮吗？对，今天是我的生日，我想和朋友一起玩，和他们一起吃面条。谁是我的朋友？我的朋友很多，江伟峰，刘洋。我还有两个新朋友，陆大伟，韩江。你帮我给他们打电话，好吗？

练习内容

1. 李佳月的朋友不多。（false）

2. 在中国，过生日要吃面条。（true）

3. 李佳月要自己给朋友打电话。（false）

学生进入3段会话练习前，需要先掌握4个备用语句，然后分别和陆大伟和刘洋打电话，最后在会话（三）中将通话结果告诉李佳月。

备用语句

---

1. 喂，请问……在家吗？

2. 今天是佳月的生日，你去不去她家？

3. 你吃不吃面条？

4. 你想给她买什么？

会话（一）

学　生：喂，请问陆大伟在家吗？

陆大伟：你好，我就是陆大伟。

学　生：今天是佳月的生日，你去不去她家？

陆大伟：我去，我要听她讲故事。

学　生：你吃不吃面条？

陆大伟：面条，我不喜欢，我要吃蛋糕。
学　生：你想给她买什么？
陆大伟：我想给她买音乐光盘。

会话（二）

学　生：喂，请问刘洋在家吗？
刘　洋：我就是。
学　生：今天是佳月的生日，你去不去她家？
刘　洋：去，当然去，我要和佳月一起合影。
学　生：你吃不吃面条？
刘　洋：当然吃，我最喜欢吃面条。
学　生：你想给她买什么？
刘　洋：我想给她买一个风筝。

会话（三）

李佳月：陆大伟和刘洋来不来？
学　生：他们都来。
李佳月：他们吃不吃面条？
学　生：刘洋吃，但是陆大伟不吃。
李佳月：谢谢你帮我打电话。
学　生：不客气。祝你生日快乐！

全部对话结束之后，系统出现如下提示："祝贺你！你成功完成了本集所有的学习任务！"

⊙ 玩一玩

本集的游戏包括"飞镖"和"大灌篮"。

"飞镖"练习的主要是本集的生词，学生需要根据系统显示的拼音或英文释义，以最快的速度将箭头移到相应的汉字形式上，并瞄准靶心射出飞镖（按下鼠标或回车键）。该游戏练习的词语为：祝、两、新、开、门、听、讲、倒、快乐、介绍、开门、名人、晚上、面条、告诉、没问题。其中，单音节词系统给出的是英文释义，多音节词系统给出的是拼音。

"大灌篮"练习的内容包括本集的生词、课文内容、语言注释和文化注释的内容。

⊙ 补充活动

学完本集内容后，可让学生给朋友或家人做一张汉语的生日贺卡。老师也可以教学生用汉语唱《祝你生日快乐》。

第十四集　吃北京烤鸭

本集主要教学内容

交际任务		1. 在饭馆点菜 2. 简单评价饭菜的味道
语言项目	主要用语	1. 你吃不吃牛肉？ 2. 你还想要什么？ 3. 那要一个"西红柿炒鸡蛋"吧。 4. 椰汁很好喝，你要尝尝吗？ 5. （烤鸭）好吃，但是……有点儿甜。 6. 今天吃烤鸭，明天再减肥！
	词　汇	菜单、客人、菜、烤鸭、牛肉、鸡、鸡肉、孩子、鸡蛋、椰汁、点、尝、减肥 瘦、辣、甜 有点儿、再 这么、怎么样
	语　法	1. 尝尝 2. 再
文化项目		1. 中国菜 2. 北京烤鸭 3. 麻婆豆腐 4. 饮食习惯 5. 中餐菜单 6. 减肥

　　本集教学的核心内容为上面所列的语言文化项目，教学目标是学生能运用所学的语言文化知识完成交际任务：能够在饭馆点菜，简单评价饭菜的味道。

　　具体课堂教学步骤大致遵循"学一学"、"练一练"、"试一试"和"玩一玩"的顺序。

⊙ 学一学

登录以后，进入剧情预览部分，浏览故事情节概要。

然后进入"学一学"模块。本集故事分为3个场景：

▶ 场景一

刘建波：洋洋，给你菜单。

刘　洋：好，我看看。大伟，你是客人，你点菜吧。

陆大伟：点菜？点菜是什么意思？

刘　洋：点菜的意思是这个，要一个"麻婆豆腐"。

陆大伟：哦，要一个……一个……对不起，阿姨，您帮我点吧。

方秀英：这是北京烤鸭，很有名的菜，我们点一个吧。"北京烤鸭"。

刘建波：大伟，你吃不吃牛肉？

陆大伟：吃，牛肉我最喜欢！

方秀英：那要一个"铁板牛肉"。

▶ 场景二

方秀英：大伟，你还想要什么？

陆大伟：我想想，我要鸡，鸡……

方秀英：鸡肉，对吗？

陆大伟：不是不是，是鸡的孩子。

刘　洋：鸡的孩子？大伟，鸡的孩子怎么吃？

陆大伟：不是不是，我要这个。

刘建波：大伟，你是不是想吃鸡蛋？

陆大伟：对对对，鸡蛋！

方秀英：那要一个"西红柿炒鸡蛋"吧。

刘建波：大伟，你喝什么？

刘　洋：可乐，当然是可乐！对吧，大伟？

陆大伟：对对对，我一天要喝四瓶可乐。

刘建波：大伟，椰汁很好喝，你要尝尝吗？

陆大伟：好吧，我尝尝。

刘建波：洋洋呢，你喝什么？

刘　洋：我喝茶。

陆大伟：喝茶？你不是最喜欢椰汁吗？

刘　洋：我现在要减肥！

陆大伟：你这么瘦，还要减肥？

刘　洋：你看，我要像她！

▶ 场景三

方秀英：大伟，这是"麻婆豆腐"，有点儿辣，你尝尝吧。

陆大伟：真好吃！

刘建波："铁板牛肉"怎么样？

陆大伟：也很好吃。

刘　洋：烤鸭呢，好吃吗？

陆大伟：好吃，但是……有点儿甜。

刘　洋：那我吃吧，我最喜欢烤鸭！

陆大伟：你不是要减肥吗？

刘　洋：今天吃烤鸭，明天再减肥！

场景一

● 故事欣赏

要求学生观看一遍以后，回答下面的问题：

How does Yangyang explain the meaning of "diancai" to David?

要求学生再看一两遍以后，回答下面的问题：

Why does Yangyang tell David to order the food?

What does Fang Xiuying order first?

Does David like beef? What kind of beef do they order?

● 故事朗读

分角色，完成与场景一相对应的故事朗读部分。（本场景有4个角色：刘建波、刘洋、陆大伟和方秀英。课堂上，方秀英和刘洋两个角色可以由同一个学生担任。）

场景二

场景二部分较长，可以视需要再分为两个部分：第一部分从"方秀英：大伟，你还想要什么"到"方秀英：那要一个'西红柿炒鸡蛋'吧"；第二部分从"刘建波：大伟，你喝什么"到"刘洋：你看，我要像她"。

● 故事欣赏

要求学生观看一遍以后，回答下面的问题：

What does David mean by "the child of the chicken"?

Why does Yangyang not have coconut milk?

要求学生再看一两遍以后，回答下面的问题：

What kind of dish with eggs do they order?

Does David want coke today?

What kind of beverage does Yangyang want?

● 故事朗读

完成与场景二相对应的故事朗读部分。（本场景有4个角色：方秀英、陆大伟、刘洋和刘建波。课堂上可以由两名学生充当这4个角色，其中一人朗读陆大伟的部分，另一人读其他部分。）

场景三

● 故事欣赏

要求学生观看一遍以后，回答下面的问题：

Does David like the roast duck?

要求学生再看一两遍以后，回答下面的问题：

How does David like "mapo bean curd"?

Does he like the "iron-plate beef"?

How does David feel about the roast duck?

Why does David feel surprised when Yangyang says she would like to eat the roast duck?

● 故事朗读

完成与场景三相对应的故事朗读部分。（本场景有4个角色：方秀英、陆大伟、刘建波和刘洋。课堂上可以让两个学生充当这4个角色，其中一人充当陆大伟，另一人充当其他角色。）

● 场景探索

本集场景探索包括两个场景，场景一为放着饭菜和餐具的餐桌，场景二是厨房。

场景一		场景二	
1. 碗	bowl	1. 灯	light
2. 筷子	chopsticks	2. 微波炉	microwave oven
3. 餐巾	napkin	3. 电冰箱	refrigerator
4. 垫子	cushion; pad; mat	4. 榨汁机	juicer
5. 菜单	menu	5. 洗手台	long wash basin
6. 汤	soup	6. 刀	knife
7. 米饭	cooked rice	7. 锅	pot
8. 饺子	dumplings	8. 剪子	scissors
9. 肉	meat	9. 罐子	jar
10. 青菜	green vegetables; greens	10. 酱油	soy sauce
		11. 醋	vinegar
		12. 瓶子	bottle

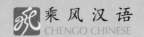

场景一中的词语都是日常生活中经常使用的，最好能让学生较好地掌握。

场景二中的"灯"、"刀"已经不是第一次出现，其他词除了"洗手台"、"罐子"以外应该大致掌握，至少在看到实物的情况下，能将相关语音信息和实物联系起来。

场景探索部分，老师在课堂上可以开展小组之间的竞赛，方法是：将班上同学分为两组，老师在用鼠标指向课件中的有关物体时，两组同学竞相说出该物品的名称。先说出物品名称的组得一分，如果同时说出，各得一分。最后看总分，得分高的组获胜。

● 文化注释

本集文化注释包括：中国菜、北京烤鸭、麻婆豆腐、饮食习惯、中餐菜单和减肥。

该部分可以让学生自己阅读，然后每个注释给出一两个问题，以检查学生的阅读情况。可以提醒学生，本集的游戏部分包含"中国菜"、"北京烤鸭"和"饮食习惯"等方面的问题。

本集文化注释的备用问题如下：

有关"中国菜"的问题：

Approximately how many different cooking styles are there in China?

Could you name a few?

有关"北京烤鸭"的问题：

Does Beijing roast duck have anything to do with the place Beijing?

有关"麻婆豆腐"的问题：

Mapo bean curd is a well-known Beijing style dish, is that right?

What is the flavor of this dish?

有关"饮食习惯"的问题：

What kind of concepts do Chinese people hold for breakfast, lunch and dinner?

Can you name a few traditional Chinese foods?

有关"中餐菜单"的问题：

What are the 4 main categories on a typical menu in a Chinese restaurant?

有关"减肥"的问题：

Were ancient Chinese eager to be slim?

● 语言注释

本集的语言注释包括："尝尝"（动词重叠）和"再"（表某事延后进行）。

其中第一个讲解和练习的是动词重叠的基本意义（表示动作持续时间短、说话的语气轻松随便）。主要涉及的是单音节动词，课件通过两个句子和两组对话给出了"尝"、"看"、"听"和"讲"四个词的重叠用法。最后设计了一个练习，要求学生根据图画和英文提示，用"我想想"回答问题。

答案：

> 女：中国最长的河是什么河？
> 男：我想想，(Let me think for a minute.) 是长江。

"再"的语言点讲解和练习的是,"再"表示某事在未来的某一时间或在另一事完成以后进行。课件给出了3个例句,最后设计了一个语序练习,要求学习者将"再"填入3句话中合适的位置。

答案:

今天有课,我（　）星期六（再）去朋友家（　）。
我今天（　）吃鸡肉,明天（再）吃牛肉（　）。
我上午（　）学地理,晚上（再）学历史（　）。

⊙ 练一练

本部分包括词语表、理解、表达、汉字、语音和自评6个部分。

● 词语表

词语表列出了本集的24个生词（其中包括"麻婆豆腐"、"铁板牛肉"和"西红柿炒鸡蛋"3个作为呈现内容的词）的拼音和英文释义,可以供学生进行系统复习,也可供老师集中讲练生词时使用。

● 理解

理解部分包括4个活动,活动1、2是词语练习,活动3是句子练习,活动4为语篇练习。

活动1为词语和英语翻译的匹配,练习了本课除"怎么样"以外的所有生词,共20个（即:给、点、尝、瘦、减肥、辣、甜、再、这么、有点儿、菜、鸡、客人、孩子、菜单、烤鸭、牛肉、鸡蛋、鸡肉、椰汁）。

活动2为词语和图画的匹配,练习的词语包括"菜单"、"鸡"、"烤鸭"、"鸡蛋"、"孩子"、"椰汁"、"牛肉"、"点菜"。

活动3要求学生将汉语句子和英文释义进行匹配,具体做法是将右边的汉语句子拖放到左边的英文释义下。

答案:

你是客人,你点菜吧。	You're the guest, you order a dish.
点菜是什么意思?	What does "diancai" mean?
要一个北京烤鸭。	Give me a Beijing roast duck.
你还想要什么?	What else do you want?
椰汁很好喝,你尝尝。	Coconut milk tastes good. Have a try.
我们点一个吧。	Let's order a dish.
今天吃烤鸭,明天再吃鸡。	Today we'll have roast duck. We'll have chicken tomorrow.
你不是要减肥吗?	Don't you want to lose weight?

活动4是听力练习。这一部分有4道选择题，每道题有A、B两个选项，学习者需要根据录音内容选择正确的答案。

答案：

录音文本	选项（彩色字为答案）
1. 你帮我点菜吧。	A 我不想吃烤鸭。 B 好的，我帮你点。
2. 你吃不吃鸡肉？	A 好吃，鸡肉真好吃。 B 吃，鸡肉我最喜欢。
3. 你还想要什么？	A 我想拍照。 B 我想再要一个菜。
4. 椰汁很好喝，你也尝尝吧。	A 好的，我尝尝。 B 我喜欢旅行。

● 表达

该部分包括5段对话，学生需要应答或主动发起有关对话。

对话1

  方阿姨：你还想要什么？
  陆大伟：再要一个北京烤鸭吧。

对话2

  刘　洋：明天再吃烤鸭，怎么样？
  陆大伟：没问题。

对话3

  陆大伟：这么辣的菜我不喜欢。
  刘　洋：那我们再点一个吧。

对话4

  陆大伟：可乐很好喝，你也尝尝吧。
  刘　洋：你最喜欢可乐，还是你喝吧。

对话5

  刘　洋：这个菜怎么样，好吃吗？
  陆大伟：好吃，但是有点儿辣。

这5段对话练习的都是跟本集交际任务（点菜、简单评价菜）有关的语句。

● 汉字

这部分的汉字故事讲的是"牛"、"肉"、"甜"3个汉字的字形、字义等方面的知识。

汉字书写练习的是"牛"、"肉"、"有"、"点"、"辣"5个字。

● 语音

语音部分包括4个活动，其中活动1是声调演示，活动2和活动3是声调练习，活动4为根据语音选汉字。

活动1声调演示部分包括 cai、kao、niu、rou、shou 和 ya 6个音节带不同声调的读音。

活动2是"给"、"点"、"菜"、"鸡"、"尝"、"瘦"、"辣"、"甜"、"再"的声调听辨练习。要求学生听到发音后选择正确的调号。

活动3要求学生给12个生词的每个音节选择声调。这12个词语是：菜单、客人、烤鸭、牛肉、鸡肉、孩子、鸡蛋、椰汁、减肥、这么、有点儿、怎么样。

活动4要求学习者根据听到的语音，在所给的选项中选择正确的答案填到句子的空格处，练习的对象包括单音节词和短语（最长的为4个音节）。

答案：

序号	句子	选项		
1	要一个北京烤鸭。	要	吃	点
2	这是椰汁，你尝尝吧。	买一瓶	看看	尝尝
3	你吃不吃牛肉？	尝不尝	吃不吃	点不点
4	你是不是想吃鸡蛋？	吃薯片	吃鸡蛋	喝椰汁
5	我一天要喝四瓶可乐。	四杯椰汁	四瓶可乐	四包茶叶
6	烤鸭很好吃，但是有点儿甜。	甜	辣	苦
7	今天吃烤鸭，明天再减肥。	也	还	再

◉ **试一试**

本集"试一试"情景设计的是，刘洋的妈妈不在家，所以没人为刘洋和大伟做饭，学习者需要邀请他们两个人到自己家吃烤鸭。本部分共包括3段对话和一个结尾。

会话（一）

场景	刘洋家，刘洋坐在饭桌边发呆。学习者点击刘洋，进入对话:
对话	刘　洋：我妈妈晚上不在家。 学习者：那你晚上吃什么？ 刘　洋：我不知道，我要减肥，不吃也可以。 学习者：那大伟呢，他晚上吃什么？ 刘　洋：我不知道，你问他吧，他喜欢很多中国菜。

会话（二）

备用语句

1. 大伟，你晚上想吃什么？
2. 你想不想吃烤鸭？
3. 你来我家吧，我家的烤鸭不甜。
4. 刘洋，来我家吃烤鸭吧。
5. 我家的烤鸭不甜，你尝尝吧。

会话内容

场景	刘洋家，大伟坐在沙发上。学习者点击大伟，进入对话:
对话	学习者：大伟，你晚上想吃什么？ 大　伟：我不知道，方阿姨不在家。 学习者：你想不想吃烤鸭？ 大　伟：烤鸭很好吃，但是有点儿甜。 学习者：你来我家吧，我家的烤鸭不甜。 大　伟：真的吗？那我想尝尝，谢谢你！
反馈	

会话（三）

场景三	刘洋家，刘洋坐在饭桌边发呆。学习者点击刘洋，进入对话:
对话	学习者：刘洋，来我家吃烤鸭吧。 刘　洋：烤鸭我想吃，但是大伟说有点甜，他不喜欢。 学习者：我家的烤鸭不甜，你尝尝吧。 刘　洋：真的吗？那我想尝尝，谢谢你！
反馈	

结尾

场景	刘洋和大伟正在吃烤鸭。学习者点击任何人，出现以下声音:
声音	今天的烤鸭不甜，真好吃，谢谢你!

⊙ 玩一玩

本部分包括两个游戏:"猴子捞月"和"赛车"。

"猴子捞月"练习了"给"、"点"、"再"、"尝"、"菜"、"鸡"、"瘦"、"甜"、"辣"等9个汉字。

"赛车"练习了包括生词、课文、语言注释和文化注释等部分的内容。

⊙ 补充活动

老师事先准备一份简易菜单，上面包括菜名和价钱，菜名有汉字、拼音和英文解释。让学生表演在中餐馆点菜。

第十五集　中国的节日

本集主要教学内容

交际任务	1. 约会——约定见面的时间、地点等 2. 用"可以……吗？"征求对方意见 3. 用"为什么……"询问原因	
语言项目	**主要用语**	1. 明天下午四点有马老师的讲座，你想不想去？ 2. 那好，我们一起去。 3. 三点五十在图书馆门口见，好吗？ 4. 我们可以尝尝吗？ 5. 她为什么会飞？
	词汇	讲座、学校、军事、战争、下午、节日、图书馆、门口、中秋节、月、家人、月饼、问题、些、下（星期） 见、飞、重要 常常、为什么、没关系
	语法	1. 八点在家看书 2. 为什么 3. 可以
文化项目	1. 春节 2. 元宵节 3. 中秋节 4. 嫦娥奔月	

　　本集教学的核心内容为上面所列的语言文化项目，教学目标是学生能运用所学的语言文化知识完成交际任务：掌握约定见面时间和地点的语言知识和技能；能够使用"可以……吗？"征求对方意见；用"为什么……"简单地询问原因。

　　具体课堂教学步骤大致遵循"学一学"、"练一练"、"试一试"和"玩一玩"的顺序。

⊙ 学一学

登录以后，进入剧情预览部分，浏览故事情节概要。
然后进入"学一学"模块。本集故事分为3个场景：

▶ **场景一**

江伟峰：大伟，你看，有讲座。
陆大伟：是马老师的讲座，我要去听！

陆大伟：我们学校常常有讲座，对吗？
江伟峰：对，常常有。
陆大伟：你喜欢什么讲座？
江伟峰：军事讲座，我喜欢战争……
陆大伟：什么？你喜欢战争？
江伟峰：我是说我喜欢战争故事。

▶ **场景二**

韩　江：伟峰，大伟，你们好！
陆大伟：韩江，明天下午四点有马老师的讲座，你想不想去？
韩　江：马老师讲什么？
陆大伟：中国的节日。
韩　江：中国的节日，一定有意思，我想去。
陆大伟：那好，我们一起去。三点五十在图书馆门口见，好吗？
韩　江：好的，明天下午见！

 场景三

马老师: 中国有哪些节日，你们知道吗?

韩　江: 中国的节日很多，有春节、元宵节……

马老师: 下星期三是什么节日，你们谁知道?

陆大伟: 我知道，是中秋节!

马老师: 对，八月十五中秋节。中秋节要和家人在一起，是一个很重要的节日。

韩　江: 马老师，我们的家人都在美国，没办法在一起。

马老师: 没关系，美国没有中秋节。

陆大伟: 马老师，中秋节要吃特别的东西，对吗?

马老师: 对，要吃月饼。你们看，这就是月饼，很好吃。

韩　江: 马老师，我们可以尝尝吗?

马老师: 当然可以，这些月饼就是给大家吃的。

陆大伟: 马老师，这个女孩儿是谁? 她为什么会飞?

马老师: 这两个问题很好! 这个女孩儿是谁? 她为什么会飞? 你们谁知道?

场景一

● 故事欣赏

要求学生观看一遍以后，回答下面的问题:

What's the information on the poster about?

要求学生再看一两遍以后，回答下面的问题:

What type of lectures does Jiang Weifeng prefer? And why?

● 故事朗读

分角色，完成与场景一相对应的故事朗读部分。(本场景有两个角色: 陆大伟和江伟峰。)

场景二

● 故事欣赏

要求学生观看一遍以后，回答下面的问题:

Is John going to Teacher Ma's lecture?

要求学生再看一两遍以后，回答下面的问题:

What will Teacher Ma talk about in her lecture?

When and where will David and John meet each other ahead of the lecture?

● 故事朗读

完成与场景二相对应的故事朗读部分。（本场景有两个角色：韩江和陆大伟。）

场景三

● 故事欣赏

要求学生观看一遍以后，回答下面的问题：

Could you name one of the Chinese Festivals mentioned in this part?

要求学生再看一两遍以后，回答下面的问题：

Which festival will take place next Wednesday?

How do Chinese people celebrate Mid-Autumn Festival?

Why does Teacher Ma say that there is no Mid-Autumn Festival in the States?

Is there any special food for Mid-Autumn Festival in China?

What arouse David's curiosity?

● 故事朗读

完成与场景相对应的故事朗读部分。（本场景有 3 个角色：马老师、韩江和陆大伟。）

● 场景探索

本集场景探索包括两个场景，场景一介绍的是中国的节日，场景二介绍的是电化教学教室中设备的名称。

场景一			场景二	
1. 春节	Spring Festival; Chinese New Year's Day		1. 投影仪	projector
2. 元宵节	Lantern Festival		2. 麦克风	microphone
3. 端午节	Duan Wu; Dragon Boat Festival		3. 幕布	screen
4. 七夕节	Chinese Valentine's Day		4. 录音机	audio recorder
5. 中秋节	Mid-Autumn Festival		5. 笔记本电脑	laptop
6. 重阳节	Double Ninth Festival		6. 开关	switch
7. 元旦	New Year's Day		7. 插座	socket
8. 劳动节	Labor Day		8. 电线	wire
9. 儿童节	Children's Day		9. 饮水机	water dispenser
10. 国庆节	National Day		10. 电视机	TV set

场景一是一个标注有中国主要节日的月份表，其中元旦、劳动节、儿童节、国庆节是公历节日，春节、元宵节、端午节、七夕节、中秋节和重阳节为传统的农历节日。本集的文化注释部分有对春节、元宵节和中秋节的介绍。

场景一可以给学生补充介绍一下，现在中国 3 个最大的节日是春节、劳动节和国庆节，这 3 个节

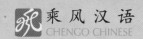

日放假时间最长，各放假一个星期左右。对于场景一中这些节日名称，只要求学生记住春节、劳动节、国庆节和中秋节。在方法上，可以让学生跟美国有关节日做比较。例如，可以问学生：与美国最重要的传统节日圣诞节相当的中国节日是什么节？中国的Labor Day是什么时候？用汉语怎么说？美国的独立日相当于中国的什么节？是什么时候？用汉语怎么说等等。

场景二是带有电化教学设备的教室，出现的词如上表所示。其中部分词汇，如录音机、电视机等学生应该已经掌握。其他词要求学生全部能听懂，并且能用汉语说出除投影仪、幕布和电线以外的其他词。检查的方法：可以利用课件中的场景——将鼠标指向目标词，要求学生说出中文。如果上课时教室有这些物品，可以利用实物，要求学生说出名称。

● 文化注释

本集文化注释包括：春节、元宵节、中秋节和嫦娥奔月。

课上可以让学生自己阅读课件中的文化注释，然后每个注释给出一两个问题，以检查学生的阅读情况。同时提醒学生，本集的游戏部分将出现有关"元宵节"和"嫦娥奔月"等方面的问题。

这些文化注释的备用问题如下：

有关"春节"的问题：

What do Chinese people usually do on the Chinese New Year's Eve?

Are there any special foods during Chinese New Year? (give an example and tell the meaning of the food if you can.)

有关"元宵节"的问题：

How do Chinese people celebrate Lantern Festival?

有关"中秋节"的问题：

What's the original shape of a moon cake in ancient times?

针对上述3个节日的综合性问题：

What is the common theme of the three festivals? (答案：family uniting)

有关"嫦娥奔月"的问题：

Why did Chang'e fly to the moon?

What did Chang'e take with her to the moon?

● 语言注释

本集的语言注释包括："8点在家看书"（时间、地点状语并用）、"为什么"和"可以"。

其中第一个语言点主要讲解和练习的是"主语＋时间＋'在'＋地方＋动词短语"这一句式。课件中设计了3个组句练习，要求学生把包含人、时间、地点和动词短语的3组短语组成句子。学生把每个短语按正确位置拖到横线上，组成完整的句子后，系统自动给出该句子的读音。

答案

> 他们下午四点在教室听讲座。
> 大伟晚上在刘洋家吃面条。
> 我们九月二十七日在图书馆听讲座。

"为什么"的语法讲解和练习的是"为什么"用在主语和动词之间的形式。练习形式也是组织句子，学生把给定的短语按正确的顺序排成一个句子，系统就会发出该句子的读音。

答案

> 中秋节为什么是一个重要的节日？
> 这个女孩为什么会飞？
> 他们为什么要去上海？

"可以"的语法主要讲解和练习的是"可以"表示许可的情况。练习设计了一个情景：韩江手上拿了很多东西，请路过的女孩帮他开门。学生需要从"你开门"、"你帮我开门"和"你可以帮我开门吗"3个句子里选择正确的句子。如果学生选择了"你可以帮我开门吗"，女孩子则会回答"可以"。否则系统给出回答不正确的反馈信号。

⊙ 练一练

本部分包括词语表、理解、表达、汉字、语音和自评6个部分。

● 词语表

词语表列出了本集的23个生词（其中包括"春节"和"元宵节"两个作为呈现内容的词）的拼音和英文释义，可以供学生进行系统复习，也可供老师集中讲练生词时使用。

● 理解

理解部分包括5个活动，活动1至3是词语练习，活动4是句子练习，活动5为语篇练习。

活动1为词语和英语翻译的匹配，练习了本集除"中秋节"、"春节"、"元宵节"以外的生词，共20个（即：讲座、军事、战争、节日、问题、学校、门口、图书馆、家人、月饼、为什么、下午、重要、常常、没关系、飞、见、些、月、下）。

活动2为词语和图画的匹配，练习的词语包括"门口"、"月饼"、"飞"、"讲座"、"图书馆"、"下午"、"为什么"、"家人"。

活动3是"学"、"口"、"节"、"讲"组词或组短语，课件已给出其他词或语素，学生只需要将相应的词或语素拖放到合适的位置。

答案：

> 路口、门口、同学、学校、节日、中秋节、讲故事、讲座

活动4要求学生根据英语意思和读音（点击小喇叭图标，系统会读出整个句子），将所给的短语组成句子。

答案：

> 我晚上在图书馆听讲座。
> 下星期三是个重要的节日。
> 我们下午在学校门口见。
> 你为什么不吃月饼？
> 中秋节要和家人在一起。

活动5是语篇练习。在这一部分，学生先听到两个人的对话，然后根据对话内容进行选择填空。填空时需要从后面的括号中选择适当的词将讲座通知中空缺的信息补充完整。

答案：

讲　座

题　目：中国历史（地理　历史　节日）
主讲人：高老师（马　黄　高）
时　间：七月十三日（下星期一）
　　　　下午两点（下午两点　晚上七点　下午四点）
地　点：图书馆（颐和园　乘风小区　图书馆）

● **表达**

该部分包括4段对话，学生需要应答或主动发起有关对话。

对话1

　　陆大伟：你今天下午在哪儿？
　　韩　江：我下午在图书馆看书。

对话2

　　陆大伟：中秋节我可以去你家吗？
　　女　孩：当然可以，非常欢迎。

对话3

　　陆大伟：北京有哪些有名的学校？
　　方秀英：这个问题，我也不知道。

对话4

　　王子欣：你为什么不去听讲座？
　　陆大伟：我要去见一个重要的朋友。

这几段对话练习的都是本集的重点句型。

● 汉字

这部分的汉字故事讲的是"下"、"秋"、"月"3个汉字的字形、字义等方面的知识。

汉字书写练习的是"下"、"星"、"期"、"三"、"是"、"中"、"秋"、"节"8个字。

● 语音

语音部分包括4个活动，其中活动1是声调演示，活动2和活动3是声调练习，活动4为音节练习。

活动1声调演示部分包括 guan 和 jun 两个音节带不同声调的读音。

活动2是 jian、xie、xia、yue、fei、chang 6个音节的听辨练习。要求学生听到发音后选择正确的声调。

> 答案：jiǎn、xiē、xià、yuè、fēi、cháng

活动3要求学生给10个生词的每个音节选择声调。这10个词语是：讲座、学校、军事、战争、月饼、重要、图书馆、中秋节、为什么、没关系。

活动4要求学生根据所给汉字，打出拼音（只要拼音对即可，不考虑空格问题），全部拼对则系统展示全句的分词标准拼写。

答案：

学校常常有讲座	xuexiao changchang you jiangzuo
下午在图书馆门口见	xiawu zai tushuguan menkou jian
中秋节是重要的节日	zhongqiu jie shi zhongyao de jieri
为什么要吃月饼	weishenme yao chi yuebing

◉ 试一试

本集的"试一试"部分设计的场景是，今天有两个讲座，大伟想去听，他想和谁一起去。学生要完成的任务就是和大伟及其他角色对话，找到能和大伟一起去听讲座的人。本部分包括4段会话，其中会话（一）和（二）要求学生先掌握备用的语句。

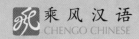

会话（一）

备用语句

> 1. 今天有两个讲座，你知道吗？
> 2. 历史讲座和军事讲座，你要听哪一个？
> 3. 历史讲座下午两点，军事讲座晚上七点。
> 4. 为什么？

会话内容

> 学　生：今天有两个讲座，你知道吗？
> 陆大伟：什么讲座？
> 学　生：历史讲座和军事讲座，你要听哪一个？
> 陆大伟：你知道时间吗？
> 学　生：历史讲座下午两点，军事讲座晚上七点。
> 陆大伟：历史讲座，我没办法听。
> 学　生：为什么？
> 陆大伟：我下午有汉语课。我要去听军事讲座，谁和我一起去呢？

会话（二）

备用语句

> 1. 今天晚上有军事讲座，你去听吗？
> 2. 为什么？
> 3. 你可以和大伟一起去。
> 4. 你们可以六点五十在图书馆门口见。

会话内容

> 学　生：今天晚上有军事讲座，你去听吗？
> 李佳月：我想去，但是没办法去。
> 学　生：为什么？
> 李佳月：我晚上要去学跳舞。

会话（三）

> 学　生：今天晚上有军事讲座，你去听吗？
> 江伟峰：当然去，我最喜欢军事。
> 学　生：大伟也去，你们可以一起去。
> 江伟峰：你告诉他六点五十在图书馆门口见，好吗？
> 学　生：好的，没问题。

会话（四）

> 陆大伟: 谁和我一起去听军事讲座?
> 学　生: 江伟峰, 他想和你一起去。
> 陆大伟: 那佳月呢? 佳月为什么不去?
> 学　生: 她要去学跳舞。
> 陆大伟: 伟峰说什么时间去?
> 学　生: 他说六点五十在图书馆门口见。

⊙ 玩一玩

本部分包括两个游戏:"西部火车"和"吃豆子"。

"西部火车"需要学生了解"下"、"午"、"图"、"书"、"馆"、"门"、"口"、"见"、"为"、"什"、"么"、"不"、"可"、"以"、"去"等汉字的拼音形式, 能根据提示的拼音找出相应的汉字。

"吃豆"练习的内容包括课文、生词、语言注释和文化注释等部分的有关内容。

⊙ 补充活动

课上可以让学生玩一个游戏。具体说明如下:

假想昨天晚上7点在学校所在的城市发生一起重大的盗窃案, 现在每个学生都要接受调查。老师现在扮演侦探, 需要了解每个学生昨天晚上7点的活动。

游戏的程序: (1) 学生两个人一组, 商量好前一天晚上7点他们两个人在一起做什么。需要有时间、地点等信息, 如"我们昨天晚上7点在图书馆看书", 所做的事情最好准备一些细节, 以防老师追问"看了什么书"等问题。(2) 游戏开始时, 两个人中的一个先进教室, 接受老师和其他同学的问话, 问题是关于昨天晚上7点在哪儿干什么, 第一个学生回答完后, 不许说话, 再叫第二个学生, 如果他们回答得完全一致, 则证明该组没有涉嫌盗窃。如果二人的回答不一致, 则二人需要在课后把"供词"写出来。

第十六集　乘风汉语比赛

本集主要教学内容

交际任务		1. 谈论比赛 2. 用"什么时候"问动作发生的时间 3. 用"这样吧，……"提出建议
语言项目	主要用语	1. 什么时候比赛？ 2. 比赛的内容是什么？ 3. 这样吧，我演讲，你唱歌。 4. 什么人可以参加比赛？ 5. 有什么奖励？ 6. 比赛在哪儿举行？
	词　汇	比赛、时候、明年、内容、外国、中学生、奖励、中央电视台、先生 参加、演讲、唱歌、害怕、准备、免费、上（电视）、成、签（名）、举行、不错 太……了
	语　法	1. 什么时候 2. 明年一月一号 3. 这样吧，……
文化项目		1. 少林寺 2. 桂林 3. 香港 4. 中央电视台

　　本集教学的核心内容为上面所列的语言文化项目，教学目标是学生能运用所学的语言文化知识完成交际任务：能够谈论比赛；用"什么时候"询问事情或动作发生的时间；用"这样吧，……"提出自己的建议。

　　具体课堂教学步骤大致遵循"学一学"、"练一练"、"试一试"和"玩一玩"的顺序。

⊙ 学一学

登录以后，进入剧情预览部分，浏览故事情节概要。
然后进入"学一学"模块。本集故事分为3个场景：

▶ **场景一**

马老师：大伟，韩江，给你们看一个东西。
陆、韩：乘风汉语比赛。
马老师：对，乘风汉语比赛。你们想不想参加？
韩　江：什么时候比赛？我想参加。
马老师：明年一月。
陆大伟：我也想参加，一定特别有意思。

韩　江：马老师，比赛的内容是什么？
马老师：是一个汉语比赛，你可以演讲，也可以唱歌。
韩　江：唱歌我没问题，但是我害怕演讲。
陆大伟：这样吧，我演讲，你唱歌。
韩　江：很好很好。你准备讲什么？
陆大伟：我可以讲——中国的历史，还可以讲中国的节日。你呢，你准备唱什么？
韩　江：我可以唱"一二三四五，上山采蘑菇"，还可以唱——"我想吃面条，你想吃蛋糕"。

▶ **场景二**

陆大伟：马老师，什么人可以参加比赛？
马老师：学乘风汉语的外国中学生。
陆大伟：中国学生不参加，这很好。
韩　江：马老师，有什么奖励？
马老师：免费来中国旅行两个星期。
陆大伟：免费旅行，太好了！韩江，我们去什么地方？
韩　江：少林寺不错，桂林也很好，香港……

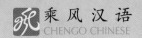

 场景三

陆大伟：马老师，比赛在哪儿举行？

马老师：北京，中央电视台。

韩　江：中央电视台！大伟，我们要上电视了！

陆大伟：韩江，我们要成名人了！

韩　江：陆大伟先生，您给我签个名，好吗？

陆大伟：韩江先生，您给我签个名，好吗？

马老师：我是名人的老师，我给你们签吧。

场景一

● 故事欣赏

要求学生观看一遍以后，回答下面的问题：

What does Teacher Ma show to Daivd and John?

要求学生再看一两遍以后，回答下面的问题：

When will the contest be held?

What will David do in the contest? What is he going to talk about?

What will John do in the contest?

● 故事朗读

分角色，完成与场景一相对应的故事朗读部分。（本场景有3个角色：马老师、陆大伟和韩江。）

场景二

● 故事欣赏

要求学生观看一遍以后，回答下面的问题：

What's the prize for the contest?

要求学生再看一两遍以后，回答下面的问题：

Who can participate in the contest?

Where do David and John wish to travel?

● 故事朗读

完成与场景二相对应的故事朗读部分。（本场景有3个角色：马老师、陆大伟和韩江。）

场景三

● 故事欣赏

要求学生观看一遍以后，回答下面的问题：

Where will the contest be held?

要求学生再看一两遍以后，回答下面的问题：

Why does John ask David to sign for him?

Why does Teacher Ma suggest signing for David and John?

● 故事朗读

完成与场景三相对应的故事朗读部分。（本场景有3个角色：马老师、陆大伟和韩江。）

● 场景探索

本集场景探索部分包括两个场景，场景一是滚动播放的10处中国名胜；场景二是滚动播放的13种文体活动。

场景一	
1. 承德避暑山庄	Chengde Mountain Resort
2. 杭州西湖	Hangzhou West Lake
3. 桂林山水	Guilin mountains and rivers
4. 西安兵马俑	Xi'an Terracotta Warriors and Horses
5. 苏州园林	Classical Gardens of Suzhou
6. 长江三峡	The Three Gorges of the Yangtze River
7. 台湾日月潭	Taiwan Sun Moon Lake
8. 嵩山少林寺	Shaolin Temple, Song Shan
9. 安徽黄山	Huangshan Mountain, Anhui
10. 北京故宫	Imperial Palace of the Ming and Qing Dynasties, Beijing

场景二	
1. 唱歌	to sing
2. 跳舞	to dance
3. 演讲	to give a lecture
4. 写字	to write
5. 走路	to walk
6. 跑步	to run; to jog
7. 爬山	to climb mountains
8. 骑车	to ride on a bicycle
9. 打太极拳	to do T'ai Chi; to practice Taijiquan
10. 拉二胡	to play erhu
11. 开车	to drive a car
12. 打篮球	to play basketball
13. 放风筝	to fly a kite

场景一是中国的名胜，老师可以给学生选择观看一两个有关的录像。如果有学生去过某个名胜，可以请他介绍一下这个地方。

场景二中大部分词语学生已经学过，因此要求学生掌握。可以用如下的比赛检查学生掌握的情况：老师把这些词语分别写在卡片上。学生分成两组，每组派一代表。老师轮流给两组的代表看一张卡片，学生根据这张卡片上的词语表演，别的同学猜是什么词。如果是这个学生所在的组猜对了，这个组得一分；如果是另外一组猜对了，得两分。最后得分高者获胜。

● 文化注释

本集文化注释包括：少林寺、桂林、香港和中央电视台。有关"少林寺"的介绍，可以辅以"少林寺"为背景的电影片断，如《少林寺》。桂林和香港可以准备一些图片辅助介绍。注释可以让学生自己阅读，可以提醒学生，本集游戏中将出现有关这几个文化注释的问题。

本部分每个注释给出一两个问题，以检查学生的阅读情况。备用问题如下：

有关"少林寺"的问题：

Where is Shaolin Temple? What's it famous for?

有关"桂林"的问题：

Where is Guilin? What's it famous for?

有关"香港"的问题：

Where is Hong Kong? When did it became a Special Administrative Region of the People's Republic of China?

有关"中央电视台"的问题：

How many channels are there in CCTV?

Which two channels can be watched outside China?

● 语言注释

本集的语言注释包括："什么时候"、"明年一月一号"和"这样吧，……"。

"什么时候"用在主语和动词之间，用于提问动作发生的时间。课件提供了7个对话作为例子，另外还有两个练习。第一个练习要求学生把所给的词或词组按照正确的顺序组成一个句子：

什么时候 他们 商店 去
答案： 他们什么时候去商店？

第二个练习要求学生根据对话用"几点"、"几号"、"星期几"替换对话中的"什么时候"。这几个对话和答案是：

（1） 男：你什么时候有地理课？
　　　女：八点。
　　　答案：几点
（2） 男：你什么时候去长城？
　　　女：星期六。
　　　答案：星期几
（3） 男：你什么时候去上海？
　　　女：七号。
　　　答案：几号

另外老师还可以补充练习，让学生用"什么时候"对下面句子中彩色字体部分提问：

1. 中国人中秋节的时候吃月饼。

2. 我下午去图书馆。

3. 我爸爸八点回家。
4. 后天有讲座。
5. 我爷爷明年去中国旅行。

汉语表达具体日期是按照从"年"到"月"到"日"的顺序。课件提供了两个短语和一个对话作为例子。老师可以让每个学生按照"年、月、日"的顺序说明自己的生日。

"这样吧，……"用于提出建议，课件中的例子是3个对话。老师可以补充下面的练习，让学生用"这样吧，……"完成下面的对话:

1. A: 我想吃西红柿炒鸡蛋，可是我不会做。

   B: 这样吧，…… _____。

2. A: 今天你有时间吗? 我们一起去看马老师吧。

   B: 今天我没有时间，这样吧，…… _____。

3. A: 我爸爸妈妈今天来北京，可是我有课。

   B: 这样吧，…… _____。

4. A: 我不知道去你家怎么走。

   B: 这样吧，…… _____。

5. A: 明天是刘洋的生日，我们送给她什么?

   B: 这样吧，…… _____。

◉ 练一练

本部分包括词语表、理解、表达、汉字、语音和自评6个部分。

● 词语表

词语表列出了本集的24个生词（其中包括"少林寺"、"桂林"和"香港"3个作为呈现内容的词）的拼音和英语释义，可以供学生进行系统复习，也可供老师集中讲练生词时使用。

● 理解

理解部分包括4个活动，活动1和活动2是词语练习，活动3是句子练习，活动4为语篇练习。

活动1为词语和英语翻译的匹配，练习了本集除"中央电视台"以外的生词，共20个（即: 准备、参加、演讲、比赛、内容、时候、明年、外国、先生、中学生、免费、签名、害怕、唱歌、奖励、成、不错、举行、太……了、上电视）。

活动2为词语和图画的匹配，练习的词语包括"比赛"、"演讲"、"唱歌"、"害怕"、"奖励"、"不错"、"中央电视台"、"签名"。

活动3为汉语句子和英语意思的匹配，要求学生用鼠标把汉语句子拖到相应的英语句子上。

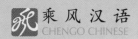

答案:

I'm planning to take part.	我准备参加。
Do you want to take part in the Chinese competition?	汉语比赛你想不想参加?
When does the competition take place?	什么时候比赛?
Next march.	明年三月。
Who can take part in the competition?	什么人可以参加比赛?
You can give a speech or you can sing.	你可以演讲,也可以唱歌。
What does the contest involve?	比赛的内容是什么?
Foreign high school students can take part, and Chinese students don't participate.	外国中学生参加,中国学生不参加。
What kind of prize is there?	有什么奖励?
We're going to become famous.	我们要成名人了。
We're going to be on TV.	我们要上电视了。
A free trip to China.	免费到中国旅游。

活动4是语篇练习,这是一个新增加的练习形式,学习者需要根据课文内容,从所给的词语中选择合适的词语拖拽到语段的空格处。

答案:

> 明年一月有一个汉语比赛,在北京的中央电视台举行。参加比赛的学生可以唱歌,也可以演讲。
>
> 陆大伟喜欢唱歌,也喜欢演讲,参加比赛没问题。韩江害怕演讲,但是他觉得(juéde feel)比赛很有意思,所以也准备参加。
>
> 参加比赛可以上电视、成名人,还可以免费来中国旅行,不错吧。要不你也参加?

没问题	上电视	害怕	举行	不错	唱歌

● 表达

该部分包括4段对话,学生需要应答或主动发起有关对话。

对话1

陆大伟:马老师,您什么时候回上海?

马老师:明年一月。

对话2

韩　江:比赛什么时候举行?

马老师:明年三月,你也参加吧。

80

对话3

陆大伟: 菜单上这么多菜，我不知道要点什么。
韩　江: 这样吧，我们问问老师。

对话4

韩　江: 马老师，有什么奖励？
马老师: 免费来中国旅行两个星期。

● 汉字

这部分的汉字故事讲的是"年"、"内"、"上"、"先"4个汉字的字形、字义等方面的知识。
汉字书写练习的是"什"、"么"、"时"、"候"、"比"、"赛"6个字。

● 语音

语音部分包括3个活动，其中活动1是声调演示，活动2和活动3是声调练习，活动4为音节练习。
活动1声调演示部分包括 can、cuo、ju、nei、nian、pa、rong、sai、wai、yan、zhun 11个音节带不同声调的读音。
活动2要求学生给18个生词的每个音节选择声调。这18个词语是：比赛、参加、时候、明年、内容、演讲、唱歌、害怕、准备、外国、奖励、中学生、免费、不错、举行、上电视、先生、签名。
活动3是一个新增加的练习形式，目的在于训练学习者的辨音和认知汉字的能力。页面上只显示选项，学生需要根据录音内容判断听到的句子是否和页面上的句子一致。如果听到的句子和页面上的句子一致，就点击Y，否则点击N。
答案：

序号	录音文本	选项		
1	比赛什么时候举行？	比赛什么时候举行？	<u>Y</u>	N
2	比赛的内容是什么？	比赛的内容是什么？	<u>Y</u>	N
3	我准备参加比赛。	我不想参加比赛。	Y	<u>N</u>
4	唱歌我没问题。	唱歌很有意思。	Y	<u>N</u>
5	比赛你准备讲什么？	什么人可以参加比赛？	Y	<u>N</u>
6	免费来中国旅行很不错。	免费来中国旅行很不错。	<u>Y</u>	N

◉ 试一试

本集的"试一试"部分设计的场景是，明年北京市要举行中学生风筝比赛。学生需要通过和不同的人对话了解风筝比赛什么时候在哪儿举行，什么条件的学生可以参加比赛，以及谁打算参加。本部分包括3段会话，其中会话（二）和（三）要求学生先掌握备用的语句。

会话（一）

> 服务员：同学，你要买什么？
> 学　生：我要买风筝。
> 服务员：你要参加风筝比赛，是吗？
> 学　生：风筝比赛？什么时候？在哪儿举行？
> 服务员：明年四月，在北京。
> 学　生：什么人可以参加？
> 服务员：北京的中学生，学汉语的外国学生也可以。
> 学　生：太好了，我要参加。

会话（二）

备用语句

> 1. 大伟，你想参加风筝比赛吗？
> 2. 明年四月。
> 3. 对，在北京举行。

会话内容

> 学　生：大伟，你想参加风筝比赛吗？
> 陆大伟：风筝比赛？什么时候？
> 学　生：明年四月。
> 陆大伟：在北京举行吗？
> 学　生：对，在北京举行。
> 陆大伟：太好了，我要参加。

会话（三）

备用语句

> 1. 明年有风筝比赛，你知道吗？
> 2. 北京的中学生，学汉语的外国学生也可以。
> 3. 大伟要参加，刘洋也要参加。

会话内容

> 学　生：明年有风筝比赛，你知道吗？
> 韩　江：我不知道。什么人可以参加？
> 学　生：北京的中学生，学汉语的外国学生也可以。
> 韩　江：真不错，我一定参加。你知道吗，还有谁想参加比赛？
> 学　生：大伟要参加，刘洋也要参加。
> 韩　江：太好了，我现在就去买风筝。

⊙ 玩一玩

本模块包括两个游戏："飞船"和"攀岩"。

"飞船"游戏的练习内容为本集一些词语的声调。这些词语是："比赛"、"参加"、"时候"、"明年"、"内容"、"演讲"、"害怕"、"准备"、"外国"、"奖励"、"免费"、"举行"和"先生"。

"攀岩"游戏采用选择题的方式，练习内容包括本集所学的词语、课文、语言注释和文化注释的内容。

⊙ 补充活动

学生可以分成若干小组用汉语制作一张有关比赛通知的海报，比赛可以是演讲比赛、体育比赛、才艺比赛、唱歌比赛等。海报上应该注明比赛的时间、地点、内容和奖励。海报制作完成后可张贴在教室内展览。

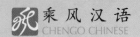

第十七集 这种丝巾多少钱

本集主要教学内容

交际任务		1. 询问价钱 2. 简单评价物品
语言项目	主要用语	1. 这件丝绸上衣真漂亮！ 2. 这种丝巾怎么样？ 3. 这是杭州丝绸做的，质量很好。 4. 我买两条，一条蓝色的，一条红色的。 5. 一个巧克力的，一个奶油的。多少钱？
	词　汇	件、半、种、块、百、礼物、丝绸、上衣、丝巾、质量、 价钱、颜色、蓝色、红色、巧克力、奶油、钱、运气 别的、多少 贵、好看、能、请
	语　法	1. ……怎么样？ 2. 多少钱 3. 蓝色的不错
文化项目		1. 中国丝绸 2. 杭州 3. 数字"六" 4. 颜色词"红"

　　本集教学的核心内容为上面所列的语言文化项目，教学目标是学生能运用所学的语言文化知识完成交际任务：能询问商品的价钱，简单地评价物品。

　　具体课堂教学步骤大致遵循"学一学"、"练一练"、"试一试"和"玩一玩"的顺序。

⊙ 学一学

登录以后，进入剧情预览部分，浏览故事情节概要。

然后进入"学一学"模块。本集故事分为3个场景：

▶ 场景一

陆大伟：刘洋，我想买一件礼物，你能帮我吗？

刘　洋：给谁买礼物？

陆大伟：我姐姐，她的生日就要到了。

刘　洋：没问题，什么时候去？

陆大伟：四点半在学校门口见，好吗？

陆大伟：刘洋，这件丝绸上衣真漂亮！

刘　洋：这么贵！大伟，你看。

陆大伟：是啊，太贵了！我们买别的吧。

▶ 场景二

陆大伟：刘洋，这种丝巾怎么样？

刘　洋：哇，真好看！

陆大伟：不知道质量怎么样。

刘　洋：这是杭州丝绸做的，质量很好。

陆大伟：哎，怎么没有价钱？

刘　洋：在这儿呢，你看，六十块。

陆大伟：这么多颜色，买哪一种呢？

刘　洋：蓝色的不错，红色的也很好。你看，怎么样？

陆大伟：不错，真不错。

刘　洋：你姐姐喜欢什么颜色？

陆大伟：她最喜欢蓝色。我买两条，一条蓝色的，一条红色的。

场景三

陆大伟：刘洋，我请你吃冰淇淋吧。

刘　洋：好好好！这儿的冰淇淋不错！

陆大伟：你要哪一种？巧克力的，奶油的，还是别的？

刘　洋：我要巧克力的。

陆大伟：一个巧克力的，一个奶油的。多少钱？

售货员：一个六块，两个十二。

陆大伟：刘洋，你看，丝绸上衣六百块，丝巾六十块，冰淇淋六块，真有意思！

刘　洋：六六六，大伟，你要有好运气了！

场景一

● 故事欣赏

要求学生观看一遍以后，回答下面的问题：

Why does David want to go shopping?

要求学生再看一两遍以后，回答下面的问题：

When and where are they going to meet each other?

How does David like the silk shirt? Did he buy it?

● 故事朗读

分角色，完成与场景一相对应的故事朗读部分。（本场景有两个角色：陆大伟和刘洋。）

场景二

● 故事欣赏

要求学生观看一遍以后，回答下面的问题：

What did David buy for his sister at last?

要求学生再看一两遍以后，回答下面的问题：

How did Liu Yang like the silk scarf?

What's the price of the scarf?

What color does David's sister like? And what did David chose?

● 故事朗读

完成与场景二相对应的故事朗读部分。（本场景有两个角色：陆大伟和刘洋。）

场景三

● 故事欣赏

要求学生观看一遍以后，回答下面的问题：

How much did David spend in buying ice cream?

要求学生再看一两遍以后，回答下面的问题：

Which flavor did Liu Yang prefer for her ice cream?

Which flavor did David choose for himself?

Why did Liu Yang say that David was going to have good luck?

● 故事朗读

完成与场景三相对应的故事朗读部分。（本场景有3个角色：陆大伟、刘洋和售货员。可以由两名学生充当这三个角色，其中刘洋和售货员的角色可以由同一名学生充当。）

● 场景探索

本集场景探索包括两个场景，场景一是通过冰淇淋和围巾展现的几种不同颜色；场景二是衣服、帽子和手套等穿戴用品。

场景一		场景二	
1. 红色	red	1. 衬衫	shirt
2. 黄色	yellow	2. 毛衣	sweater
3. 蓝色	blue	3. 运动服	gym suit
4. 绿色	green	4. 夹克	jacket
5. 棕色	brown	5. 西服	Western-style dress; suit
6. 黑色	black	6. 大衣	overcoat
7. 紫色	purple	7. 裙子	skirt
8. 橙色	orange	8. 短裤	shorts
9. 粉色	pink	9. 裤子	pants
		10. 袜子	socks
		11. 帽子	cap; hat
		12. 领带	necktie
		13. 围巾	scarf
		14. 手套	gloves
		15. 旗袍	chi-pao

场景一中的各种颜色，"红色"和"蓝色"是本集的生词。其他颜色可以结合教室中物品的颜色要求学生掌握几种。也可以让学生记住自己最喜欢的和最不喜欢的颜色的汉语说法。

场景二中的词语，"旗袍"是已经学过的词语，其他词语可以结合当前季节人们主要穿戴的衣物，

要求学生掌握几种。

● 文化注释

本集文化注释包括：中国丝绸、杭州、数字"六"和颜色词"红"。

数字"六"和颜色词"红"老师可以稍作补充。关于数字"六"的注释，可以联系"八"和"四"，告诉学生在中国很多人，喜欢"八"而不喜欢"四"，因为"八"的发音和"发财"的"发"相似，而"四"的发音和"死"相近。这主要体现在房间号码、汽车牌号和电话号码等方面。有些新建的建筑没有第四层，房间也没有四号。

关于颜色词"红"的解释，可以联系"白"。根据中国的传统，"白"总是和丧事联系在一起，不过现在有所改变，受西方的影响，黑色也常和丧事、不吉利联系在一起。

文化注释部分，每项可以给出一两个问题，检查学生的理解情况：

有关"中国丝绸"的问题：

Could you name one or two places which are famous for silk making in China?

有关"杭州"的问题：

What are the famous local products of Hangzhou?

有关数字"六"问题：

Why do Chinese people regard "six" as a lucky number?

有关颜色词"红"的问题：

In what kind of situations would Chinese people choose red as the main color for clothing and ornaments?

● 语言注释

本集的语言注释包括："怎么样"、"多少钱（儿）"和"蓝色的不错"。

"怎么样"的语言注释在解释其意义的同时，提醒学生"怎么样"前面不用"是"。课件通过4个对话说明了"怎么样"的用法。设计的练习形式是对所给句子中的彩色字部分用"怎么样"提问，学生只要在所给的句子下键入"怎么样"的拼音即可。

答案：

中国结真漂亮。	Zhongguojie zenmeyang?
姚明真酷。	Yao Ming zenmeyang?
孔子很有名。	Kongzi zenmeyang?

"多少钱（儿）"先简要介绍了"多少钱"的用法，然后辨析了"多少"和"几"的异同。强调了"几"一般用来问少于10的数量，而且它一般要跟量词一起修饰名词；而"多少"没有这样的限制。关于"多少钱"的用法，课件通过四个对话作为例子进行了说明。并设计了一个练习，该练习的场景是在商店里，学生需要向售货员打听货架上商品的价钱，具体要求是在课件的空白方框中键入相应问题的汉语拼音。如果学生键入的答案正确，则系统自动播放问句的读音，并且售货员会回答该问题。

答案：

光盘	guangpan duoshao qian? （光盘多少钱？）	光盘八块钱。
《乘风》汉语课本	hanyu shu duoshao qian? （汉语书多少钱？） 或者 chengfeng hanyu duoshao qian? （《乘风》汉语多少钱？）	汉语书二十七块钱。
台灯	taideng duoshao qian? （台灯多少钱？）	台灯六十六块钱。
地图	ditu duoshao qian? （地图多少钱？） 或者 zhongguo ditu duoshao qian （中国地图多少钱？）	地图三十块钱。

除了练习"多少钱"，课件也为"多少"和"几"的区分设计了练习。要求学生根据画面上的物品及其数量，选用"多少"和"几"填空。有的句子二者都可以，有的只能用"多少"。

答案：

两顶帽子， 6只小松鼠， 15瓶可乐， 12个篮球

这儿有（几／多少）顶帽子？

这儿有（多少）瓶可乐？

这儿有（几／多少）只小松鼠？

这儿有（多少）个篮球？

"蓝色的不错"简要介绍了"的"字结构的意义，并通过4个例句解释其用法。设计的练习形式是要求学生将句子中"的"字结构后省略的名词补出来，如果学生准确地用拼音键入答案，则系统自动播放录音。句子中的空格处先显示物品的图案，然后显示该图案所对应的词语。

---

1. 这儿有很多篮球，红色的 篮球 最漂亮。

2. A: 这是谁买的二胡？

   B: 这是韩江买的 二胡。

⊙ 练一练

本部分包括词语表、理解、表达、汉字、语音和自评6个部分。

● 词语表

词语表列出了本集的25个生词（其中包括"杭州"作为呈现内容）的拼音和英文释义，可以供学生进行系统复习，也可供老师集中讲练生词时使用。

● 理解

理解部分包括4个活动，活动1和2是生词练习，活动3是定中结构的短语练习，活动4为句子练习。

活动1的形式是词语和英语翻译的匹配，练习了本课除"杭州"以外的所有24个生词。

活动2为词语和图画的匹配，练习的词语包括"奶油"、"上衣"、"丝巾"、"钱"、"红色"、"蓝色"、"礼物"、"巧克力"。

活动3包括两组搭配练习，需要学生将定语拖放到相应的中心语之前，其中第一组为数量短语作定语。具体练习内容如下：

| 一件礼物 | 一条丝巾 | 一块钱 |
| 丝绸上衣 | 奶油冰淇淋 | 杭州丝绸 |

活动4要求学生将英语意思和汉语句子相匹配（学生点击小喇叭，系统会读出整个句子）。

答案：

蓝色的丝巾很好看。	The blue scarves are quite nice-looking.
红色的丝巾质量好。	The red silk scarf is of good quality.
这件丝绸上衣很贵。	This silk coat is very expensive.
这个冰淇淋六块钱。	This ice cream costs six yuan.
奶油冰淇淋多少钱？	How much is the ice cream?
哪种冰淇淋最贵？	Which kind of ice cream is the most expensive?
别的颜色怎么样？	What about another color?
你能帮我买礼物吗？	Can you help me buy a gift?

● 表达

该部分包括4段对话，学生需要应答或主动发起有关对话。

对话1

　　　　李佳月：我的丝绸上衣怎么样？

　　　　刘　洋：真好看，质量也很好。

对话2

　　　　陆大伟：一个蛋糕多少钱？

　　　　售货员：奶油的五块，巧克力的六块。

对话3

　　　　刘　洋：哪种颜色的丝巾最好看？

　　　　陆大伟：红色的最好看。

对话4

　　　　陆大伟：我请你吃冰淇淋吧。

　　　　刘　洋：好啊，我要巧克力的。

这几段对话练习的都是本集的目标句型。

● 汉字

这部分的汉字故事讲的是"物"、"丝"、"巾"、"衣"、"看"5个汉字的字形、字义等方面的知识。

汉字书写练习的是"这"、"种"、"丝"、"巾"、"多"、"少"、"钱"7个字。

● 语音

语音部分包括4个活动，其中活动1是声调演示，活动2和活动3是声调练习，活动4为拼音听写练习。

活动1声调演示部分包括bai、chou、gui、hong、neng、qiao、se、yun等8个音节带不同声调的读音。

活动2是jian、ban、hong、gui、qing、qian、kuai、bai 8个音节的听辨练习。要求学生听到发音后选择正确的调号。

答案：jiān、bān、hóng、guì、qǐng、qián、kuǎi、bǎi

活动3要求学生给9个生词的每个音节选择声调。这9个词语是：礼物、丝绸、别的、质量、价钱、蓝颜色、奶油、运气、巧克力。

活动4为新增练习形式，要求学生根据听到的词组，打出拼音（只要拼音对即可，不考虑空格及声调问题），如果学生全部拼对，则系统展示全句的分词标准拼写。

答案：

红色丝绸上衣	hongse sichou shangyi
一条蓝色丝巾	yitiao lanse sijin
价钱是六十块	jiaqian shi liushi kuai
质量好也不贵	zhiliang hao ye bugui
这礼物很好看	zhe liwu hen haokan
请你吃巧克力	qing ni chi qiaokeli

⊙ 试一试

本集的"试一试"部分设计的场景是陆大伟在商店里买月饼，学生的任务是帮助他选购月饼。

具体任务包括一个听力练习和3段会话。听力练习是整个"试一试"部分的引子，学生需要从会话中了解自己应该帮助陆大伟买月饼。后面的3段会话学生都需要先熟练掌握备用语句。听力和会话部分的内容如下

听力

> 美国没有中秋节，所以我的家人不知道这个节日。但是没关系，好吃的东西大家都喜欢，所以我要买月饼送给他们。现在商店里的月饼很多，我不知道要买哪种，你能帮我吗？

会话（一）

备用语句

> 1. 你好，我们想买月饼。
>
> 2. 这几种是什么月饼？
>
> 3. 哪种最好吃？

会话内容

> 学　生：你好，我们想买月饼。
> 售货员：我们有很多种月饼，你要哪种？
> 学　生：这几种是什么月饼？
> 售货员：这些是巧克力月饼、烤鸭月饼和茶月饼。
> 学　生：哪种最好吃？
> 售货员：你们可以尝尝。

会话（二）

备用语句

> 大伟，巧克力月饼怎么样？
>
> 你再尝尝烤鸭的。
>
> 那茶月饼怎么样？

会话内容

> 学　生：大伟，巧克力月饼怎么样？
> 陆大伟：不错，我妈妈最喜欢吃巧克力，我要买。
> 学　生：你再尝尝烤鸭的吧。
> 陆大伟：真好吃，这种我也要买。
> 学　生：那茶月饼怎么样？
> 陆大伟：有点儿苦，我的家人不喜欢。

会话（三）

备用语句

> 1. 冰淇淋月饼多少钱?
> 2. 烤鸭的多少钱?
> 3. 有点儿贵。

会话内容

> 学　生：巧克力月饼多少钱?
> 售货员：一百二十块。
> 学　生：烤鸭月饼多少钱?
> 售货员：一百块。
> 学　生：有点儿贵。
> 售货员：两个一起买，两百块。

完成上述任务以后，在本模块的最后结尾部分，学生点击画面中的陆大伟可以听到陆大伟表达感谢的话"谢谢你帮我，我请你吃月饼！"

⊙ 玩一玩

本部分包括两个游戏："脸谱"和"滑雪"。

"脸谱"练习的内容是本课学习的 14 个生词，学生需要记住各个生词的汉字形式，以最快的速度翻开两个有同样生词的脸谱。（练习的 14 个生词是：块、贵、百、半、件、钱、能、种、颜色、蓝色、丝巾、价钱、好看、运气）

"滑雪"练习的内容包括课文、生词和文化注释等方面的有关内容。

⊙ 补充活动

学习本集时，老师可以准备一些常见物品，如台灯、帽子、西服等（具体物品参考场景探索部分），让学生表演购物的游戏。

郑 重 声 明

图书在版编目（CIP）数据

乘风汉语教师用书 .2/ 国家汉办编著 . —北京：高
等教育出版社，2006.6
ISBN 7-04-018455-9

Ⅰ. 乘… Ⅱ. 国… Ⅲ. 汉语－对外汉语教学－教
学参考资料 Ⅳ.H195.4

中国版本图书馆 CIP 数据核字(2006)第 059651 号

策划编辑	梁 宇	责任编辑	梁 宇		封面设计	王凌波
版式设计	孙 伟	责任校对	梁 宇 金飞飞		责任印制	朱学忠

出版发行	高等教育出版社	购书热线	010－58581118
社　址	北京市西城区德外大街 4 号	免费咨询	800－810－0598
邮政编码	100011	网　址	http://www.hep.edu.cn
总　机	010－58581000		http://www.hep.com.cn
		网上订购	http://www.landraco.com
经　销	蓝色畅想图书发行有限公司		http://www.landraco.com.cn
印　刷	北京佳信达艺术印刷有限公司	畅想教育	http://www.widedu.com

开　本	889×1194　1/16		
印　张	6.25	版　次	2006 年 6 月第 1 版
字　数	190 000	印　次	2006 年 6 月第 1 次